PÈLERINAGE

A LA MECQUE ET A MÉDINE

1302

PRÉCÉDÉ D'UN

APERÇU SUR L'ISLAMISME

ET SUIVI DE

CONSIDÉRATIONS GÉNÉRALES AU POINT DE VUE SANITAIRE

ET D'UN

APPENDICE SUR LA CIRCONCISION

PAR

Le Dr SALEH SOUBHY

Ex-interne des hôpitaux Mekraux
Docteur lauréat de la Faculté de Paris, Inspecteur sanitaire de la ville du Caire
Inspecteur délégué du Conseil sanitaire, maritime et quarantenaire d'Égypte
pour les pèlerinages de 1888 et 1891

Ouvrage illustré de planches phototypiques

LE CAIRE

IMPRIMERIE NATIONALE

JUIN 1894

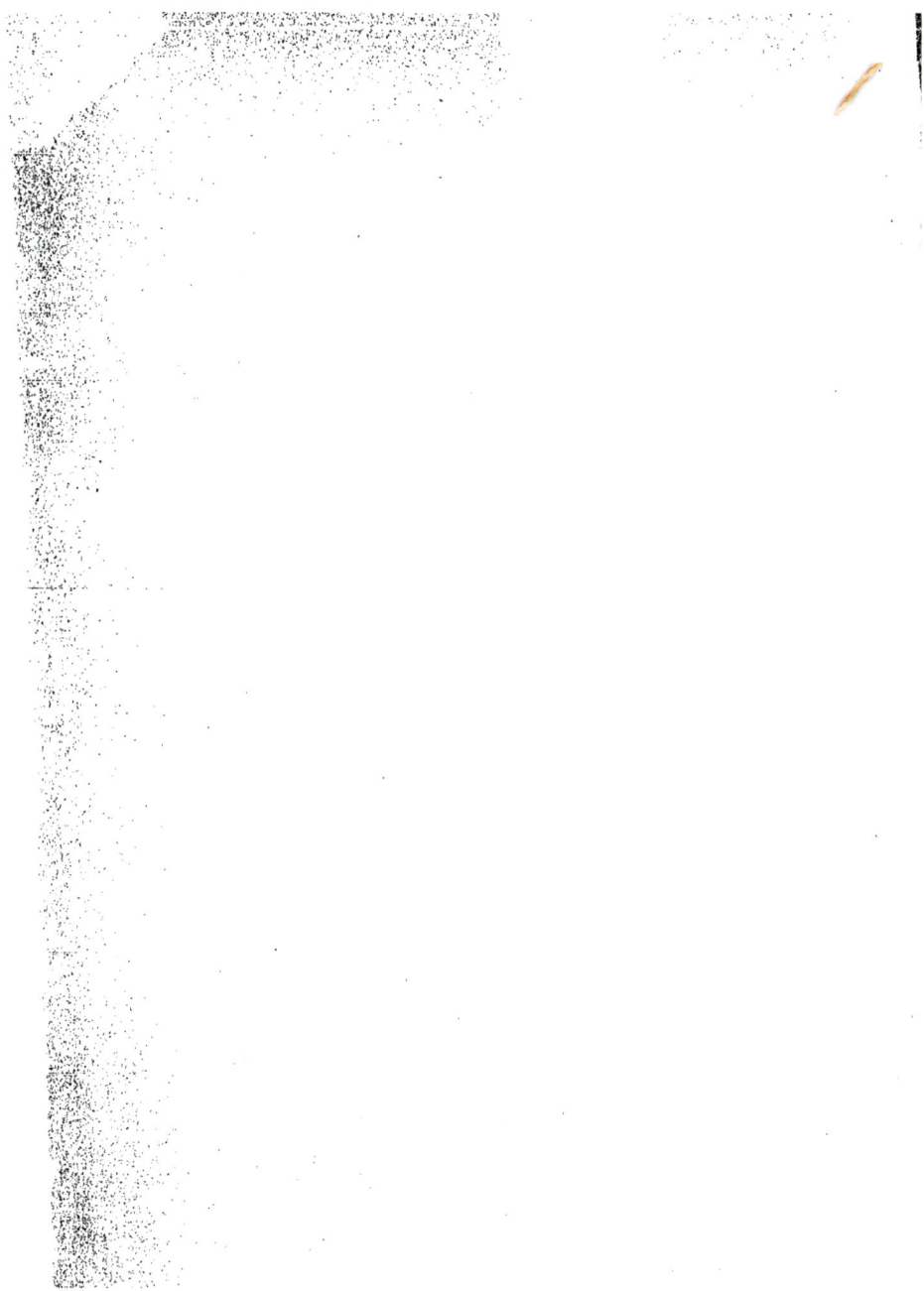

PÈLERINAGE

A LA MECQUE ET A MÉDINE

L'ouvrage se trouve chez l'auteur, Shariah Camel, 7, au Caire.

PÈLERINAGE

A LA MECQUE ET A MÉDINE

PRÉCÉDE D'UN

APERÇU SUR L'ISLAMISME

ET SUIVI DE

CONSIDÉRATIONS GÉNÉRALES AU POINT DE VUE SANITAIRE

ET D'UN

APPENDICE SUR LA CIRCONCISION

PAR

Le Dr SALEH SOUBHY

Ex-interne des hôpitaux de France
Docteur lauréat de la Faculté de Paris, Inspecteur sanitaire de la ville du Caire
Inspecteur délégué du Conseil sanitaire, maritime et quarantenaire d'Egypte
pour les pèlerinages de 1888 et 1891

Ouvrage illustré de planches phototypiques

LE CAIRE

IMPRIMERIE NATIONALE

JUIN 1894

NOTE DE L'AUTEUR

Tous les versets du Coran cités dans l'ouvrage ont été empruntés, après une vérification sévère sur le texte arabe, à la consciencieuse traduction qu'en a publiée M. Kasimirski.

Le Coran est divisé en cent quatorze chapitres composés de versets en nombre inégal.

Dans les citations, les chiffres romains indiquent le chapitre; les chiffres arabes, les versets du Coran.

L'authenticité des vues photographiques contenues dans cet ouvrage est garantie. Les clichés ont été pris sur les lieux mêmes et par les soins de l'auteur.

SON ALTESSE ABBAS II
Khédive d'Egypte.

A SON ALTESSE ABBAS II

KHÉDIVE D'ÉGYPTE

MONSEIGNEUR,

Lorsque la mission que m'avait confiée le gouvernement de Votre Altesse me laissait quelques loisirs, je les ai consacrés à retracer les impressions de mon pèlerinage. Parler à ceux que j'ai laissés en Egypte de ce pays du Hedjaz, auquel tant de liens puissants nous attachent; faire resplendir, à la face d'une partie du monde, qui les méconnaît, la grandeur et la sublimité des doctrines de l'Islam, c'était encore servir mon pays bien-aimé.

Voilà pourquoi j'ose placer ce modeste ouvrage sous les auspices de Votre Altesse.

Daignez, Monseigneur, en accepter la dédicace comme le faible témoignage de ma respectueuse gratitude et de ma profonde vénération.

Dr SALEH SOUBHY.

Le Caire, le 1er Janvier 1894.

INTRODUCTION

—

Avant d'entreprendre le récit détaillé du pèlerinage que j'ai accompli, je crois utile de faire connaître le but que je me suis proposé en publiant cet ouvrage.

Depuis des siècles, Nous, Musulmans, pour obéir aux prescriptions de Notre livre sacré, le *Coran* (ii, 192), accourons en foule, au mois de Zil-Hedjeh de chaque année, visiter les Lieux Saints de l'Islam. Là nous observons fidèlement les rites imposés aux croyants et consacrés en l'an 10 de l'Hégire (632) dans un pèlerinage célèbre fait par Mohammed (1) lui-même.

Le temps, qui change tout, a laissé intacts tous ces rites. Aucun d'eux n'a varié depuis l'époque où vivait le Prophète; et cependant le public attend encore un livre qui lui donne le récit exact et complet de ce pèlerinage. Tous les ouvrages publiés en Europe que l'on possède sur ce sujet si intéressant, malgré quelques qualités réelles, sont plus ou moins fantaisistes, d'une autorité douteuse et souvent parsemés d'erreurs.

(1) La véritable orthographe du nom du Prophète est *Mohammed*. Ce nom sera donc imprimé ainsi dans le cours de cet ouvrage, quoique les Européens l'écrivent *Mahomet*.

J'ai entrepris, dans l'humble mesure de mes forces, de combler cette regrettable lacune.

Investi d'importantes fonctions par le Gouvernement égyptien, j'ai passé plus de huit mois en Terre Sainte, suivant le pèlerinage dans sa marche de tous les jours.

Plus heureux que les auteurs qui m'ont précédé, je pourrai donc ne décrire que des faits dont j'ai été le témoin ou l'acteur, car personne ne l'ignore, l'abord des Lieux Saints est interdit à tous ceux qui ne professent pas les croyances musulmanes. Il en est pour Médine et la Mecque comme pour une célèbre ville de l'antiquité : *Non licet omnibus adire Corinthum.*

N'en serait-il pas ainsi qu'il y aurait un danger réel pour les étrangers à s'aventurer dans l'intérieur des terres où les Bédouins dominent en maîtres.

Le plan de cet ouvrage était tracé d'avance. J'ai suivi les différentes phases du pèlerinage, pris des notes au jour le jour, et j'ai pensé que ces pages offriraient un intérêt plus grand en n'étant que l'écho fidèle de ce que j'ai vu et entendu.

J'ai dû parfois transcrire des traditions ou des légendes : je ne les ai acceptées que lorsqu'elles m'avaient été confirmées par des personnes instruites et consciencieuses, dont la science et la parole font foi dans le pays.

J'ai vécu de nombreuses années à Paris. En relations quotidiennes avec des personnes dont je garderai un bon souvenir impérissable, j'y ai pu apprécier ces qualités qui sont l'honneur traditionnel de ce beau

pays : la politesse exquise, la noblesse de l'esprit, l'élévation du cœur, les sentiments chevaleresques. Mais
aussi, j'ai éprouvé la vérité de ce beau vers :

Tout homme a deux pays : le sien et puis la France !

Accueilli partout avec la plus courtoise bienveillance,
je n'ai jamais pu dissiper certains préjugés contre notre
pays et notre religion. Pourtant j'avais l'honneur de
plaider une cause juste devant des intelligences d'élite,
des âmes éclairées et libérales. Pourquoi ?

On ne peut avoir toutes les qualités, me dirais-je. Si
ces personnes, que j'apprécie autant que je vénère,
refusent à notre religion l'estime et le respect qui lui
sont dus, c'est qu'elles ne la connaissent pas. Dieu me
garde d'offenser personne ! mais l'ignorance ne serait-
elle pas la première cause de ce dédain immérité ?

Et voici qu'une occasion se présente à moi de contri-
buer à dissiper cette ignorance.... Comment n'en pro-
fiterais-je pas ?

Je ne veux pas ici entreprendre l'apologie de l'Islam,
la tâche serait trop longue et hors de ma compétence.

Dans le cours de cet ouvrage, je le répète, j'ai écrit
mes impressions avec une impartialité dont rendront
témoignage tous ceux qui me connaissent ; j'ai placé
sous les yeux du lecteur nos lois, nos mœurs, nos prières. J'ai soumis avec franchise à l'approbation d'un
public éclairé une religion et un peuple méconnu et je

répète à ce public une parole: «Voyez et jugez!» J'ai confiance dans la sentence qu'il prononcera.

Mais, avant de lui exposer des faits se rattachant à des doctrines qui lui sont peut-être étrangères et qui ont eu pour théâtre des contrées relativement peu connues, je me permettrai de lui donner très brièvement, pour qu'il puisse suivre le pèlerinage avec plus d'intérêt, quelques notions indispensables sur la religion musulmane, son histoire et les pays où elle prit naissance et se développa.

L'ISLAMISME

— En quoi consiste l'Islamisme? demanda un jour à Mohammed un ange déguisé en bédouin.

— A professer, répondit le fils d'Abdallah, qu'il n'y a qu'un seul Dieu et que je suis son prophète ; à observer strictement les heures de la prière, donner l'aumône, jeûner le mois de Ramadan et à accomplir, si l'on *peut*, le pèlerinage de la Mecque.

— C'est bien cela, dit Gabriel en se faisant connaître.

La religion musulmane est, en effet, d'une simplicité remarquable.

L'idée sublime d'un seul Dieu, ayant à un degré infini toutes les perfections, en est le dogme fondamental. Il n'est pas une page du Coran qui ne respire un ardent amour de la Divinité. Les ordres du Souverain maître de l'univers sont transmis par les anges, au premier rang desquels se trouve *Gebrïl*, l'esprit de sainteté, *Mickaïl*, l'ange de la révélation ; *Azraïl*, l'ange de la mort ; *Israfil*, l'ange de la résurrection. Il y en a de bons et de mauvais. Après eux viennent les génies ou *Djinns*, qui seront jugés à la fin des temps. A la tête des esprits infernaux est *Eblis* ou Satan, le tentateur, l'ennemi déclaré des humains.

La religion de l'Islam — ce mot signifie *résignation à la volonté de Dieu* — date de la création de l'homme. Adam est le premier croyant.

Sur la route de l'humanité, comme des phares élevés de distance en distance pour l'éclairer dans sa marche à travers les siècles, Dieu a placé des prophètes, à qui il a donné des lumières et une autorité nécessaire, tels sont Noé, Saleh, Abraham, Ismaël, Isaac, Jacob, Moïse, Jésus et enfin Mohammed le dernier de tous.

Dis : Nous croyons en Dieu, à ce qu'il nous a envoyé ; à ce qu'il a révélé à Abraham, Ismaël, Jacob et aux douze tribus. Nous croyons aux livres saints que Moïse, Jésus et les prophètes ont reçu du ciel. Nous ne mettons aucune différence entre eux, nous sommes résignés à la volonté de Dieu (nous sommes musulmans) (III, 78).

Le Coran, c'est-à-dire le Livre par excellence, est donc le résumé de toute la loi musulmane religieuse ou civile.

Œuvre réellement divine (IV, 84).
Conservée avec soin dans le ciel (X, 38).
C'est la plus belle parole qu'ait entendu le monde (XXXIX, 24, 28, 29).
Aucun mortel ne saurait rien produire de semblable (II, 21, 22).

Telle est sur ce Livre célèbre l'opinion des croyants. Quant à ceux qui ne partagent pas cette foi, je ne puis que les engager à le lire avec une attention profonde et à suivre, dans ses détails, l'appréciation si juste, si impartiale qu'en a laissée un savant regretté, M. L. A. Sédillot, dans sa belle *Histoire générale des Arabes*. [1] Ils y verront que le Coran contient des pages d'une incomparable grandeur, des maximes pleines de sagesse et de bon sens et d'une irréprochable pureté de morale.

Je ne puis résister au désir d'en citer, au hasard, quelques extraits, ne serait-ce que pour appuyer mon assertion et dissiper des préventions outrageantes.

Après avoir proclamé l'existence d'un Dieu unique, dont le trône s'étend sur les cieux et sur la terre (II, 256), dont le tonnerre célèbre les louanges et que les anges glorifient, pénétrés de frayeur (XIII, 23), qui est immense et qui sait tout (II, 109), Mohammed ne revendique aucun autre titre que celui de prophète. A ceux qui lui demandent des miracles comme garants de sa parole, il répond : « Par la gloire de mon Seigneur ! suis-je donc autre chose qu'un homme et un apôtre ? »

[1] *Histoire générale des Arabes*, par L. A. SÉDILLOT. Deuxième édition. Tome I, Liv. II, Chap. III. — Paris, 1877.

On a dit et répété que l'Islam était la religion du fatalisme et de la prédestination. Le Livré sacré fait justice de ces reproches :

Tout ce qui est sous les cieux et sur la terre appartient à Dieu. Il rétribuera ceux qui font le mal selon leurs fautes; il accordera une belle récompense à ceux qui font le bien (LIII, 32).

Ceux qui font le bien seront en possession du paradis (II, 76).

Ceux que le désir de contempler la face de Dieu rend constants dans l'adversité, qui s'acquittent avec exactitude de la prière, qui donnent en secret ou en public les biens que nous leur avons dispensés, qui effacent leurs fautes par leurs bonnes œuvres, à ceux-là le dernier séjour ! (XIII, 22).

Les jardins d'Eden, ils y entreront ainsi que leurs pères, leurs épouses et leurs enfants qui auront été justes. Là, ils recevront la visite des anges qui y entreront par toutes les portes.

La paix soit avec vous, leur diront-ils, parce que vous avez persévéré. Qu'il est doux ce dernier séjour ! (XIII, 24).

Ce serait également une criante injustice que d'accuser Mohammed de la condition si inférieure des femmes de l'Orient. Le Coran, quoiqu'on en dise, releva leur état. Il proscrivit l'affreuse coutume qui permettait aux parents d'enterrer leurs filles vivantes (LXXXI, 8 et note). Il assigne à la femme la moitié du bien de son frère, il la protège dans sa faiblesse, requiert pour elles les égards de son époux et exalte l'amour filial comme une des plus belles vertus.

Nous avons recommandé à l'homme de toujours bien agir envers son père et sa mère. Sa mère l'a porté dans son sein, l'a mis au monde dans la douleur, et pendant deux ans l'a nourri de son lait (XLVI, 14).

Dans une phrase pleine de simplicité et de tendresse, il ajouta :

Un fils gagne le paradis aux pieds de sa mère !

Mais, dans cette question si intéressante, je suis heureux de céder la parole à M. le D' G. Le Bon, savant aussi consciencieux qu'écrivain remarquable. Ses paroles auront plus d'autorité que les miennes et je n'aurai pas à paraître juge de ma propre cause.

Après avoir démontré victorieusement que la polygamie, en usage avant Mohammed chez tous les peuples de l'Orient, est une institution excellente qui élève beaucoup le niveau moral des peuples qui la pratiquent, donne de la solidité à la famille et a pour résultat final de rendre la femme infiniment plus respectée et plus heureuse qu'en Europe, « *où la monogamie ne se rencontre guère que dans les codes*, l'illustre docteur, étudiant l'œuvre de Mohammed, ajoute : « Ce ne fut pas le christianisme, ainsi qu'on le croit généralement, mais bien l'islamisme qui releva la femme du sort inférieur où elle avait été jusque-là maintenue..... » Avant que les Arabes eussent appris aux chrétiens à traiter leurs femmes avec respect, les rudes guerriers du temps de la féodalité les maltraitaient d'une façon très dure. La chronique de Garin le Loherain nous montre, par exemple, comment les femmes étaient traitées du temps de Charlemagne lui-même :

Dans une discussion avec sa sœur, le monarque, dit le vieux chroniqueur, se jette sur elle, la saisit aux cheveux, la rosse d'importance et lui casse trois dents d'un coup de son gantelet de fer, non sans recevoir, il est vrai, force horions pour sa part. — Un charretier moderne se fût certainement montré plus tendre.

L'islamisme a relevé la condition de la femme et nous pouvons ajouter que c'est la première religion qui l'ait relevée. Il est facile de le prouver en montrant combien la femme a été maltraitée par toutes les religions et tous les peuples qui ont précédé les Arabes. Les Grecs considéraient généralement les femmes comme des créatures inférieures, utiles seulement pour s'occuper du ménage et propager l'espèce. Si la femme donnait naissance à un être contrefait, on se débarrassait d'elle.

M. Troplong écrit :

A Sparte, on mettait à mort cette malheureuse créature qui ne promettait pas à l'État un soldat vigoureux. Tous les législateurs antiques ont montré la même dureté pour les femmes.

Le *Digeste* des lois indoues les traite fort mal :

La destinée finale, le vent, la mort, les régions infernales, les poisons, les serpents venimeux et le feu dévorant, dit-il, ne sont pas pires que la femme.

La Bible n'est pas beaucoup plus tendre. Elle assure que :

La femme est plus amère que la mort.—Celui qui est agréable à Dieu se sauvera d'elle, dit l'Ecclésiaste. Entre mille hommes j'en ai trouvé un ; de toutes les femmes je n'en ai pas trouvé une seule.

Les proverbes des divers peuples ne sont pas plus aimables.

Proverbe chinois :

Il faut écouter sa femme et ne jamais la croire.

Proverbe russe :

En dix femmes il n'y a qu'une âme.

Proverbe italien :

Il faut employer l'éperon pour une bonne comme pour une mauvaise femme.

Proverbe espagnol :

Se garder d'une mauvaise femme, mais ne pas se fier à une bonne.

Tous les codes, hindous, grecs, romains ou modernes, ont traité la femme en esclave et en enfant. Le grave Manou, l'antique législateur des Indes, avait même érigé contre elle la défiance en loi :

Sera réputée adultère disait-il, toute femme restée seule avec un homme le temps nécessaire pour cuire un œuf (1).

Nous avons déjà vu en quels termes le Coran parle de la femme ; la façon dont elle était traitée avant le Prophète nous est clairement indiquée par les défenses suivantes que nous y

(1) Dr Gustave le Bon.— *La civilisation des Arabes*, ch. IV p. 426 et suiv.

trouvons consignées et qui sont pour elle une sauvegarde contre
le despotisme ou la corruption :

> N'épousez pas les femmes qui ont été les épouses de vos pères ; il
> vous est interdit d'épouser vos mères, vos filles, vos sœurs, vos tantes
> paternelles ou maternelles, vos nièces, vos nourrices, vos sœurs de lait,
> n'épousez pas non plus deux sœurs ni les filles de vos fils que vous
> avez engendrés (IV, 26, 27).

On pensera ce que l'on voudra des mœurs d'un peuple à qui
de telles défenses furent adressées, mais je ne crois pas inutile
de rappeler que le dix-huitième chapitre du Levitique prévoyait
pour les Israëlites des cas plus graves encore et que la condition
de la femme s'est depuis lors transformée.

Je termine en citant encore quelques versets qui contiennent
en substance les principaux devoirs de l'homme :

> N'adorez qu'un seul Dieu, tenez une belle conduite envers vos père
> et mère, envers vos proches, envers les orphelins et les pauvres.
> N'ayez que des paroles de bonté pour tous les hommes, acquittez-vous
> exactement de la prière et donnez l'aumône. (II, 77).
>
> Commande aux croyants d'observer la continence et d'être pur. Dieu
> est instruit de tout ce qu'ils font. (XXIV, 30).

Le Coran est donc une exhortation continuelle à la vertu. Le
paradis, décrit sous les couleurs les plus séduisantes, en est la
récompense ; un châtiment terrible, celui de l'enfer, est destiné
à tous ceux qui ont enfreint les lois de Dieu.

Mais cet enfer, sur la porte duquel un des plus illustres poètes
chrétiens a gravé cette sentence terrible : *Lasciate ogni spe-
ranza, voi che entrate !* cet enfer même laisse un suprême
espoir aux réprouvés :

> Le feu sera votre demeure, vous y resterez éternellement, à moins
> qu'il n'en plaise autrement à Dieu, car il est sage et savant. (IV, 128).

Rien ne me serait plus facile que de citer encore les passages
du livre sacré flétrissant : *le libertinage* (LXX, 29), *l'intempé-
rance* (V, 92), le vol. (V. 42), *l'usure* (XXX, 28), *la médisance*
(XLIX, 11), *les débiteurs infidèles* (LXX 32) ; mais je craindrais

d'abuser de la patience du lecteur et je préfère le renvoyer au texte lui-même.

J'ai la confiance que le peu que j'ai dit aura suffi à détruire des idées préconçues. J'ai le prosélytisme en horreur et je n'ai pas à me prononcer ici si cette religion que je défends est meilleure ou pire que d'autres; mais, j'en appelle à toutes les consciences par la grandeur et la noblesse de ses doctrines, par ses rites, par la sublimité de ses aspirations, par ses exhortations continuelles au bien et à la vertu, n'est-elle pas digne, au même titre que toute autre, d'estime et de respect ?

L'ARABIE, LE HEDJAZ ET L'YÉMEN.

L'Arabie, on le sait, est une vaste péninsule reliée dans sa partie septentrionale à l'Afrique et à l'Asie, et baignée, à l'est, au sud et à l'ouest, par la mer Rouge, le golfe Persique et la mer des Indes.

Les anciens ne l'ont que très imparfaitement connue. Hérodote, le père de l'Histoire, Erathosthène, Agataschide, Pline, Aréen, Strabon, Diodore de Sicile ne nous en ont laissé que des descriptions peu étendues ou peu exactes. Les voyageurs modernes n'ont guère été plus heureux et l'Arabie reste encore un pays à peu près fermé aux investigations des explorateurs. « C'est, dit Herder ([1]), l'une des contrées les plus remarquables du globe, qui paraît destinée, par la nature même, à donner à ses peuples un caractère particulier. Comme une Tartarie méridionale, le grand désert qui, d'Alep à l'Euphrate, s'étend entre l'Egypte et la Syrie, offrait de vastes espaces aux tribus nomades de bédouins ou de bergers, et, dès les temps les plus reculés, il fut occupé par des Arabes errants ; le genre de vie de ce peuple qui

([1]) HERDER, Idées sur la Philosophie de l'Histoire. Liv. XIX.

regarde une ville comme une prison ; son orgueil fondé sur
l'antiquité de sa race, sur son Dieu, sur la richesse et la poésie
de son idiôme, sur la légèreté de ses chevaux, sur ses cime-
terres étincelants, sur ses javelots qu'il croit posséder comme
un dépôt sacré, vous diriez que tout cela l'a préparé de loin au
rôle qu'il devait remplir un jour dans les trois parties du monde
d'une manière si différente des Tartares du nord. »

L'Arabie est actuellement divisée en huit parties :

1° Le Hedjaz, au S. E. de la presqu'île du Sinaï, le long de la
mer Rouge ;

2° L'Yémen, au S. du Hedjaz ;

3° L'Hadramaut, sur la mer des Indes, à l'E. du Yémen ;

4° Le Mahrah, à l'E. de l'Hadramaut ;

5° L'Oman, borné au S.O, par le Mahrah ; au N. par les eaux
du golfe Persique ; au S. et à l'E. par la mer des Indes ;

6° Le Haça ou Bahréïn, le long du golfe Persique ;

7° Le Nedjed, au S. des déserts de Syrie ;

8° L'Ahkaf, entre l'Oman, le Haça, le Nedjed, l'Hadramaut et
le Mahrah.

Je ne parlerai ici, et très brièvement, que des deux premières
de ces provinces. C'est dans le Hedjaz, théâtre de tous les faits
qui s'accomplissent dans notre récit, que s'élèvent les deux
principales ville de l'Arabie : la Mecque et Médine. Située à
une grande distance du littoral, elles ont chacune leur port sur
la mer Rouge : la première Djeddah et la seconde Yambo.

Le Hedjaz est entrecoupé de dunes et de collines fertiles,
demeure ordinaire des tribus nomades. Les versants fournissent
des fruits de tout genre, des grains, de l'herbe pour les troupeaux et de nombreuses sources d'eau vive. Tout le monde a
entendu parler du Tayef, le jardin de la Mecque, dont les fruits
jouissent d'une grande et légitime réputation.

L'Yémen, plus connu sous le nom d'Arabie Heureuse, comprend la partie méridionale de la Péninsule. De bonne heure,
les habitants de ce pays furent en relations continuelles avec
la Perse, les Egyptiens et tous les peuples navigateurs qui

faisaient le commerce de la mer des Indes. Adonnés au commerce et à l'industrie, sous l'égide d'un gouvernement régulier, ils ne trouvèrent que plus tard le véritable produit de leur sol, le café, dont ils fournissent tous les marchés du monde et auquel plusieurs villes doivent leur prospérité actuelle : Moka, Aden et Hodeïdah.

HISTOIRE DU PEUPLE ARABE ET DE L'ISLAM

Dans les limites nécessairement restreintes d'une introduction, je ne puis qu'esquisser à grands traits l'histoire du peuple arabe et de l'Islam.

Les Arabes font remonter, avec raison je crois, leur origine aux descendants d'Abraham. Kahtan et Ismaïl sont les souches des deux grandes races qui ont peuplé la péninsule, l'une au nord, l'autre au midi.

Abraham, comme nous le verrons plus tard, avait reçu la mission divine de bâtir un temple sur l'emplacement où s'élève actuellement la ville de la Mecque; il quitta la Syrie et descendit en Arabie, où il fonda la *Caaba*, avec l'aide de son fils Ismaël.

Les descendants de ce dernier vécurent de la vie nomade et indépendante; mais toujours, entre toutes les tribus, la Mecque eut une prééminence assurée, rendue immuable après l'arrivée de Mohammed.

J'aurai plus tard l'occasion de raconter la vie du Prophète. Il avait suscité un immense mouvement en Arabie. Les tribus, jusqu'alors si jalouses de leur indépendance, s'étaient soumises à une domination unique et ne formaient plus qu'un seul peuple. Mais qu'allait devenir, après sa mort, l'œuvre du fils d'Abdallah ?

Des raisons puissantes pouvaient faire présumer le retour à l'ancien ordre de choses, c'est-à-dire à l'idolâtrie et à la division. Ce retour fut empêché par les hommes éminents qui avaient

secondé Mohammed dans son œuvre et qui s'en proclamèrent
hautement les continuateurs. Un pouvoir suprême fut créé,
auquel tous se soumirent et que détinrent successivement Abou-
Bèkre, Omar, Othman et Ali.

Aussi l'Islam fit-il de rapides progrès. Le vrai croyant n'était
plus seulement dans le Hedjaz ou dans les déserts du Nedjeh ; il
campait aussi sur les bords du Nil, du Tigre et du Jourdain.

L'Arabie fut soumise après de longues luttes. Omar envoya
Amrou conquérir l'Egypte et les phalanges de l'Islam, maîtresses
d'abord de l'Afrique septentrionale, puis de la péninsule hispa-
nique, purent bientôt franchir les Pyrénées, subjuguant tout
dans leur marche triomphante et ne s'arrêtant que devant la
valeur d'un illustre capitaine franc, Charles Martel, qui les
rencontra dans les plaines de Poitiers, en 732.

Mais cette invasion victorieuse avait porté ses fruits. « Les
Arabes, dit M. L. A. Sédillot, sont au moyen-âge les seuls
représentants de la civilisation. Ils font reculer la barbarie qui
s'était étendue sur l'Europe ébranlée par les invasions des peuples du Nord; ils remontent aux sources éternelles de la philosophie grecque, et loin de se borner à préserver de toute atteinte
le trésor des connaissances acquises, ils l'agrandissent et ouvrent
des voies nouvelles à l'étude de la nature. » (1)

« Les Arabes, ajoute M. de Humboldt dans son *Cosmos*, étaient
admirablement disposés pour jouer le rôle de médiateurs et pour
agir sur les peuples compris depuis l'Euphrate jusqu'au Guadal-
quivir et la partie méridionale de l'Afrique moyenne. Ils possédaient une activité sans exemple qui marque une époque distincte
dans l'histoire du monde ; une tendance opposée à l'esprit des
Israélites, qui les portait à se fondre avec les peuples vaincus, sans
abjurer toutefois, en dépit de ce perpétuel échange de contrées,
leur caractère national et les souvenirs traditionnels de leur
patrie originaire. Ils apportaient avec eux non seulement leur
religion, mais aussi une langue perfectionnée et les fleurs déli-

---

(¹) L. A. SÉDILLOT. *Histoire générale des Arabes.* — Tome II. Liv. VI. Chap. I.

cates d'une poésie qui ne devait pas être perdue pour les trouba-
dours provençaux ni pour les minnesingers. »

Ils apportaient d'autres trésors encore.

Tous ceux qui ont quelque connaissance de l'histoire du monde
savent et apprécient quels immenses progrès ils ont fait faire aux
sciences mathématiques et physiques, à la philosophie, aux lettres
et aux arts. Ils ont eu la gloire d'avoir mis en lumière et d'avoir
transmis d'un bout du monde à l'autre des inventions utiles et
importantes : le papier, la boussole, la poudre à canon. Du ix*
au xv* siècle, on vit se former une des plus vastes littératures qui
existent, de précieuses inventions attestent l'activité merveilleuse
des esprits à cette époque, et, faisant sentir leur action dans
l'Europe chrétienne, justifient l'opinion que les Arabes ont été en
tout les maîtres de l'Occident.

L'EGYPTE.

J'ai donné quelques détails géographique sur l'Arabie, je n'en
donnerai pas sur l'Egypte.

A quoi bon répéter ce que sait tout le monde ?

De quoi aurais-je augmenté la science en disant que le Nil est
un des fleuves les plus célèbres du monde, que sans lui l'Egypte
ne serait qu'un désert, que, chaque année, ses ondes limoneuses
débordent et répandent sur les terres (hélas ! parfois avec trop
de parcimonie !) la fécondité et la vie, qu'après un cours de six-
mille kilomètres, agrémenté de six cataractes, il se divise, à 250
kilomètres de la mer, en deux grandes branches et forme un
immense delta ? Que ses flots ont, dès la plus haute antiquité,
baigné des cités illustres : Thin, Syène, Thèbes, Memphis, etc.,
etc., et qu'aujourd'hui il arrose, comme fleuve ou sous forme de
canaux, Kartoum, Assiout, le Caire, Alexandrie, Tantah et
Damanhour, pour ne citer que les principales villes ?

Ferai-je l'histoire de ce pays qui, alors que le reste du monde était plongé dans l'ignorance et la barbarie, vivait heureux, policé, plein de gloire, dans la culture des lettres, des sciences et des arts?

Ce serait bien long et surtout téméraire, après les ouvrages si profondément savants, si pleins d'intérêt qu'ont laissés, sur ce sujet inépuisable, des hommes illustres et chers à notre Egypte, tels que Champollion, Mariette, Clot bey et M. Maspero?

Je ne puis que renvoyer les lecteurs à l'étude de leurs livres, le temps qu'il y auront passé ne sera pas perdu.

Ah! si notre beau Nil, qu'Amrou, dans sa fameuse lettre au kalife Omar, appelle le «Roi des Fleuves», pouvait raconter ce qu'il a vu sur ses rives, que son histoire serait longue et belle!

Belle, mais, hélas! souvent triste aussi, car pour les peuples comme pour les hommes, le mot «bonheur» est un mot qui n'a pas sa réalité.

Avec quel intérêt ne suivrait-on pas les règnes des Pharaons, cultivant les sciences ou faisant la guerre, creusant des canaux ou élevant des pyramides gigantesques et ce sphinx majestueux,

De l'antique désert antique sentinelle.

Que de dynasties glorieuses! que de monarques incomparables! Chéops, Toutmès III, Seti I, Ahmès le Libérateur, Ramsès II le Conquérant!

Puis viennent les Perses que chasse Alexandre, le héros macédonien, qui laisse comme trace de son passage en Egypte la magnifique ville d'Alexandrie et s'en va mourir en Asie.

La brillante dynastie des Lagides lui succéda. Alexandrie devient la capitale intellectuelle du monde et son Ecole, en jetant un si grand éclat pendant plusieurs siècles, est le rendez-vous de tous les philosophes, les écrivains et les savants.

César, le plus grand capitaine de l'antiquité, vient sur ces rives pour suivre son rival dont il pleure la mort, soumet l'Egypte, qui devient, plus tard, province romaine, après la mort de Cléopâtre et la victoire d'Actium,

Le Christianisme apparait alors dans ces régions, mais, peu après, l'illustre lieutenant d'Omar conquiert le pays et partout flotte bientôt l'étendard de l'Islam !

Après, les pachas, les mamelouks.

A la fin du siècle dernier, la terre illustrée par deux conquérants, Alexandre et César, devint aussi le théâtre des exploits d'un grand capitaine, et Napoléon Bonaparte, au début de sa prodigieuse carrière, y vint consacrer sa gloire naissante et évoquer, comme le dit Victor Hugo, les quarante siècles géants.

A Bonaparte succède Méhémet-Ali. D'une main énergique, le glorieux fondateur de la dynastie régnante guide l'Egypte dans une voie nouvelle et cherche à lui rendre, par son génie, la splendeur des premiers temps de son histoire.

L'Egypte depuis l'antiquité la plus reculée, a eu le privilège très enviable d'exciter la convoitise des peuples. Fort heureusement pour le peuple Egyptien, tous les grands conquérants l'ont occupée, mais aucun n'a pu la conserver ; et chose étrange, qu'on serait tout disposé à attribuer à la volonté divine, aucun n'a laissé le moindre vestige de son passage. Les siècles se sont succédés, les divers maîtres de l'Egypte, ont disparu comme par enchantement, tandis que le modeste fellah est resté immuable avec sa simplicité et sa ferme confiance dans la providence.

L'histoire contemporaine commence ici ; elle est connue de tous.

Arrêtons-nous donc en adressant l'hommage de notre admiration profonde à l'auguste mémoire de Méhémet-Ali, et des vœux ardents que nous formons pour la gloire et le bonheur de sa dynastie et surtout de Celui qui aujourd'hui préside avec tant de sagesse aux destinées de l'Egypte.

PÈLERINAGE

A LA MECQUE ET A MÉDINE

CHAPITRE PREMIER

DÉPART DE LA GRANDE CARAVANE DU CAIRE. — LE MAHMAL.

Accomplissez le pèlerinage de la Mecque et la visite des Lieux-Saints... Ne rasez point vos têtes jusqu'à ce que l'offrande soit parvenue à l'endroit où l'on doit l'immoler... Priez Dieu et sachez qu'il est terrible dans ses châtiments ! (II, 192).

Le pèlerinage se fera dans les mois que vous connaissez (1). Celui qui l'entreprendra devra s'abstenir des femmes, des transgressions des préceptes et des rixes. Le bien que vous ferez sera connu de Dieu. Prenez des provisions pour le voyage. La meilleure provision cependant est la piété. Craignez-moi donc, ô hommes doués de sens ! (II. 193).

C'est en ces termes que le Livre des Croyants prescrit le pèlerinage ; l'ordre est formel, bien que dans le cours du même chapitre, il en dispense ceux à qui l'état de leur fortune, de leur santé ou la nature de leurs occupations ne permettent pas de l'entreprendre.

(1) Ces mois sont : *Chewal, Dhoul-Kadeh* et *Dhoul-Hidjdjeh.*

C'est pour se conformer à cette loi que, chaque année, de tous les pays musulmans, de l'Algérie, du Maroc, de la Russie d'Asie, de l'Egypte, de la Turquie, de la Perse et des Indes, deux ou trois cent mille pèlerins viennent visiter les Saints-Lieux. Ils se rendent au Hedjaz par groupes ou caravanes plus ou moins considérables : les uns, par voie de terre, arrivent lentement de leurs patries lointaines à travers les plaines sablonneuses de l'Arabie déserte, faisant halte dans les villages et les oasis, pour se reposer et renouveler leurs provisions frugales ; les autres, généralement les plus riches, profitant des progrès de la science, préfèrent se servir des chemins de fer et des bateaux à vapeur. Je ne nie pas que ce long et pénible voyage, par caravane, à travers les plaines, les montagnes et les déserts, n'ait son côté grandiose et poétique, qu'il rend même le pèlerinage plus méritoire, mais — nous en reparlerons plus tard — il serait préférable sous tous les rapports que tout le monde suivît l'exemple des seconds : ce serait plus rationnel et plus avantageux.

Entre toutes les caravanes, deux ont une importance plus considérable : celle de Damas et celle du Caire. A la tête de chacune se trouve le *Mahmal*, contenant un *Tapis Sacré*, et leur départ donne lieu à une grande solennité.

Je ne parlerai ici que du Mahmal égyptien :

Voici l'origine de cet usage : En 648 de l'Hégire, c'est-à-dire vers le milieu du XIIIe siècle de l'ère chrétienne, une sultane d'Egypte, Fatma Chagaret-el-Dor, entreprit le pèlerinage des Lieux-Saints. Elle fit le

LE MAHMAL

voyage dans un superbe palanquin, aux riches étoffes ornées d'or et de pierreries, emportant avec elle des présents de toute sorte pour en orner la Caaba et le tombeau du Prophète.

C'est en mémoire de cette munificence royale que, tous les ans, l'Egypte envoie à la Mecque un tapis sacré destiné à recouvrir le vénéré sanctuaire de la Caaba : c'est le *Kessouah*. On le renferme dans un châssis carré, couvert d'une riche étoffe de couleur, ornée de pierres précieuses et dont la partie supérieure, de forme pyramidale, se termine par une petite coupole en or surmontée d'un croissant de même métal : c'est le *Mahmal*.

Ce dernier est un don particulier du souverain lors de son avènement au trône. Le tapis, offert par le Gouvernement, est renouvelé chaque année et remplace celui qui a été envoyé l'année précédente, dont on distribue les morceaux soit pour en orner les tombeaux particuliers, soit pour être conservés comme reliques.

Le Mahmal est avant tout un signe de ralliement pour les pèlerins : c'est un gage de bénédiction ; sa présence, au milieu de la foule, ranime les courages. C'est ainsi qu'à travers les déserts, sous la conduite de Moïse, les enfants d'Israël, s'acheminant lentement vers la Terre Promise, avaient au milieu d'eux le signe sacré du ralliement, l'Arche-Sainte, leur sûreté et leur espérance.

La cérémonie publique du départ du Mahmal eut lieu, cette année, le samedi 28 juillet, vers les dix heures du matin.

Le cortège part de la Citadelle pour se rendre à

l'Abbassieh, où se trouve le campement des pèlerins, près de la célèbre mosquée El Mohammedi. Presque toujours c'est S. A. le Khédive qui préside cette solennité, entouré des princes de sa famille, des membres du gouvernement et de tous les hauts fonctionnaires de l'Etat en grand uniforme et avec décorations.

Sur la vaste place qui s'étend en face de la gare de Hélouan, au N.-E. du Caire, on a construit pour la circonstance un gracieux et magnifique pavillon, orné d'écussons et de nombreux drapeaux rouges au blanc croissant étoilé. C'est là que le chef de l'Etat ou son représentant vient présider la fête. Au son des hymnes militaires, le Mahmal fait trois fois le tour de la place, puis se dirige vers le Khédive, à qui l'on remet le cordon du Tapis Sacré. Son Altesse le baise respectueusement et le transmet au Gouverneur du Mahmal, chargé du soin de la sainte relique pendant toute la durée du pèlerinage.

A ce moment, le canon tonne du haut de la Citadelle et le cortège se met en marche.

D'abord s'avance, musique en tête, un régiment d'infanterie que précèdent de nombreux officiers à cheval, puis viennent, à travers une foule immense de spectateurs de toutes nations et revêtus des costumes les plus variés, les diverses corporations religieuses, avec leurs bannières, leurs chanteurs et leurs musiciens. Les groupes des pèlerins, séparés par des soldats à cheval, sont salués au passage par les vibrants zaghroutas (1)

(1) *Zaghroutas*, houloulous aigus et rapides que les femmes d'Orient font entendre dans toutes les cérémonies pour exprimer la joie.

LE CAIRE
Départ du Mahmal

des femmes, expression des souhaits d'heureux voyage. La foule déborde de tous côtés : les fenêtres, les balcons, les terrasses regorgent de curieux.

A mesure que les groupes se succèdent, au milieu des rues étroites de la vieille capitale, le spectacle augmente d'intérêt. Ici des *fikis* chantent la profession de foi en battant des mains pour marquer la mesure ; là des derwiches récitent des versets du Coran, tandis que d'autres exécutent des *zikres*, dont la cadence est réglée au son des *bazas*, sorte de petits tambourins sur lesquels on frappe avec une lanière de cuir. Derrière eux sept ou huit cheiks montent des chameaux : les uns frappent sur des timbales à coups redoublés, les autres portent des filets suspendus à un roseau et contenant des poissons secs, symbole de l'Hiram, dont nous parlerons plus tard, c'est-à-dire de l'état pénitentiel où entrent les pèlerins et pendant lequel la chasse et la pêche sont interdites.

Ces chameaux étaient autrefois entretenus par le gouvernement et uniquement employés à l'usage du Mahmal. Depuis quelques années, on a préféré les louer à des particuliers pour la circonstance. Du reste, sur les huit cheikhs qui les montent, il n'y en a que deux ou trois qui accomplissent le pèlerinage comme aides du Cheik-el-Gamal. Les autres sont les chefs-tailleurs qui ont travaillé au Tapis et ne vont pas plus loin que l'Abbassieh.

Ce vieillard à demi-nu, qui, pareil au Silène antique, balance son torse bronzé sur un chameau en inclinant la tête, c'est le *Cheikh-el-Gamal*, le cheik du chameau, qui accompagne chaque année le Tapis Sacré, et dont la présence au milieu des pèlerins inspire la confiance et anime les courages. Depuis l'époque du célèbre pèlerinage de la princesse Chagaret-el-Dor, sa famille, de père en fils, a la charge des chameaux qui portent au Saint Lieu le Tapis Sacré. Devant lui s'avance le Mahmal, porté par un chameau. Son passage est salué des acclamations populaires et d'une courte prière de tous les croyants. Son dôme pyramidal, surmonté du croissant d'or, domine le cortège et attire, balancé sur le dos de l'énorme quadrupède, l'attention de tout le monde.

Le cortège arriva à l'Abbassieh vers une heure, après être sorti de la ville par la porte de Bab-el-Nasr.

Voici ce que c'est que l'Abbassieh.

Abbas pacha eut un jour la fantaisie de se faire élever des palais dans le désert, à une heure environ de la ville, sur une route qui, en se bifurquant, conduit du Caire à Jérusalem d'un côté et à Suez de l'autre. Il prétendait faire là une ville nouvelle qui bientôt viendrait rejoindre l'ancienne.

Saïd pacha, son successeur, abandonna cette idée.

Dans les nombreux édifices élevés par Abbas, Ismaïl pacha a établi des écoles militaires et des casernes. Rien n'a changé depuis.

Le 29 juillet, c'est-à-dire le lendemain de la cérémonie, on procède à l'emballage du Tapis (*Kessouah*), que l'on place soigneusement dans un coffre de bois travaillé, ainsi que différentes autres pièces de soie, brodées au milieu de filets d'or représentant des versets du Coran, surtout la formule célèbre qui est pour ainsi dire le

LE TAPIS SACRÉ

résumé de la religion musulmane : *La ilah' illa Allah!*
Mohammed raçoul Allah ! « Il n'y a qu'un seul Dieu et
Mohammed est son Prophète ».

Le départ est fixé au lendemain matin.

CHAPITRE II.

DU CAIRE A SUEZ.

C'était le 30 juillet.

Dès les premières heures du jour — qu'elles sont lim-
pides les clartés de l'aube en Egypte! — c'est-à-dire vers
les quatre heures du matin, la gare de l'Abbassieh,
située à quelques kilomètres au N.-E. du Caire, regor-
geait d'une foule innombrable de pèlerins auxquels
étaient venus se joindre des amis et des parents pour
leur offrir, au moment du départ, leurs vœux de bon
voyage.

Ceux qui n'ont pas visité l'Orient ne pourront que
difficilement se faire une idée de l'aspect pittoresque
et animé que présentaient alors les environs de cette
gare. Qu'on se figure plus de trois mille personnes,
hommes, femmes, enfants, criant, se bousculant, cherchant à envahir les wagons des voyageurs, en escala-
dant même les toitures, encombrant les wagons de
marchandises ; surchargés de toute espèce de bagages,
couvertures, ustensiles de cuisine, gargoulettes (¹) etc.

(¹) *La gargoulette* est une espèce de carafe en terre poreuse.

3

etc ; revêtus des costumes les plus variées, aux couleurs les plus discordantes, depuis l'opulent « homdi » portant avec le riche turban, le « caftan » de soie et la belle ceinture, jusqu'à l'humble « fellah » à la modeste « galabieh » en toile bleue ou le corps recouvert d'un simple sac..... et au milieu de cette bagarre, la voix impérieuse et presque irritée des soldats, et de leurs chefs, cherchant à mettre un peu d'ordre partout et à donner à chacun sa place pour hâter le moment du départ.

Le train du Mahmal se compose de plus de quarante wagons. Deux locomotives, ornées de verdure et de rubans lancent déjà, comme impatientes de partir, leur panache tourbillonnant de fumée.

Le wagon du Mahmal est au milieu du train. L'arme au pied, des soldats en occupent les angles ; il est escorté d'une musique militaire et toute sa partie extérieure est ornée de guirlandes et de drapeaux qui ondoient sous la brise matinale.

Enfin, après une longue attente et des coups de sifflet répétés, l'immense convoi se met lentement en marche au milieu des acclamations bruyantes de la foule et des saluts qu'échangent entre eux les pèlerins et leurs amis ; il est six heures moins un quart.

En quelques minutes nous arrivons au Caire, où nous faisons une halte d'une demi-heure environ. C'est avec une joie bien vive que nous y rencontrons quelques amis, qui, malgré l'heure matinale, ont tenu à venir nous serrer la main et à nous souhaiter bon voyage. Un grand nombre de pèlerins viennent encore se join-

dre à nous et, au chant de l'hymne khédivial, nous disons
adieu à la grande et belle capitale de l'Egypte.

Le train marche bientôt à toute vapeur.

C'est vraiment un spectacle étrange que celui
qu'offre aux yeux ce train de quarante-trois wagons,
chargés ou plutôt surchargés de voyageurs ! — J'en ai
vu plusieurs qui contenaient quatre-vingts personnes !

Faire un trajet de quarante lieues dans un wagon au
grand complet, alors que, à l'ombre, dans la plaine, le
thermomètre marque trente-neuf degrés, cela, assuré-
ment, n'offre rien d'enviable ! Comme ceux qui reviennent des climats tempérés de l'Europe, me disais-je,
doivent devenir indulgents pour les peuples qui se
trouvent mieux assis que debout et couchés qu'assis !
Pour la campagne aride qui dort au soleil, pour le
train lui-même qui marche avec une lenteur patriar-
cale et s'éternise à toutes les stations ! O vous, qui sous
les fraîches brises du Nord, tournez en ridicule les
Orientaux indolents, venez dans ces contrées, et, après
un court séjour, si vous l'osez, jetez-leur la première
pierre !

Nos heureux pèlerins ne sont vraiment pas difficiles ;
ils sont surtout d'une hardiesse inouïe ! Quelques
wagons ressemblent vraiment à des grappes humaines.
Assis tranquillement sur la toiture ou sur les rebords
des voitures, les pieds pendant dans le vide, ils rient,
ils parlent, ils fument, ils chantent, sans s'inquiéter
nullement du vertige que peut leur donner la marche
du train. Et avec quelle allégresse naïve ne répondent-
ils pas aux acclamations bruyantes de ceux qui, tout le
long de la route, viennent saluer le Tapis Sacré !

Prévenues à l'avance, les populations des villages qui avoisinent la voie ferrée se sont portées en foule sur le passage du train. Les femmes, sous le noir *bourhou*, sorte de voile qui recouvre le visage, font entendre des *houloulous* aigus et joyeux, et de la main saluent le Mahmal et les voyageurs. Les hommes, plus graves, en adressant à Allah une prière, étendent les mains vers la Sainte Relique et se les reportent avec respect sur le visage, pour en prendre la bénédiction.

Quelle foi profonde et vive n'avons-nous pas constatée partout depuis le Caire jusqu'à Suez et dans toutes les gares où nous nous sommes arrêtés !

A chaque station importante, des députations venues des environs accomplissaient des rites religieux devant l'objet vénéré : la musique jouait ses airs les plus brillants, les soldats de la localité, le drapeau khédivial en tête, présentaient les armes et le peuple se pressait en foule autour du Mahmal pour lui faire, par dévotion, toucher divers objets, des étoffes, des foulards et surtout ces espèces de petits chapelets d'ambre qu'on appelle *sébhah*.

Et chaque fois que le train se remettait en marche, c'étaient des imprudences qu'on ne trouve que chez Notre peuple insouciant. Des enfants, des jeunes gens, des hommes mêmes, malgré les menaces ou le bâton des gardiens, s'élançaient sur le marche-pied et accompagnaient le train ; puis, quand celui-ci était lancé à toute vitesse, ils se jetaient sur la voie au risque d'être victimes des plus graves accidents ; souvent ils roulaient les uns sur les autres. Nous, nous frémissions de crainte ; eux, ils riaient aux éclats !

La distance du Caire à Suez est de cent trente-cinq kilomètres.

Ce trajet présente aux yeux du spectateur deux aspects fort divers et cette différence est sensiblement marquée par la petite station d'Abou-Hamad, où nous arrivâmes à onze heures.

Du Caire à ce village, un spectacle aussi charmant que varié s'offre constamment à la vue du voyageur. Dans sa course rapide, il aperçoit dans une plaine qui s'étend à perte de vue, sous un ciel d'un azur sans tache, ici de vastes rivières, où la plante, encore d'un vert éclatant, apparaît entre des ondes claires et miroitantes, là, des champs de maïs dont la feuille large et d'un vert pâle s'agite au souffle de la brise, plus loin du blé ou encore — et c'est un tableau ravissant — d'immenses champs de cotonniers montrant sur l'émeraude brillante de leurs feuilles des fleurs d'un jaune éblouissant et doux comme l'opale.

Et ce passage enchanteur est encore agrémenté par la vue des village nombreux qui s'élèvent disséminés à l'ombre des palmiers dont les feuilles, larges éventails, se balancent dans les airs, et par d'innombrables petits cours d'eaux, garnis de nénuphars et que visitent tour à tour des serpents à l'écaille miroitante, l'oiseau à l'éclatant plumage, l'insecte aux mille couleurs. Victor Hugo a eu raison de dire :

L'Egypte? — Elle étalait, toute blonde d'épis,
Les champs, bariolés comme un riche tapis,
    Plaines que des plaines prolongent;
L'eau vaste et froide au nord, au sud le sable ardent

Se disputent l'Egypte ; elle rit cependant
Entre ces deux mers qui la longent. (1)

Mais depuis Abou-Hamad le tableau change brus-
quement. Au lieu de la verdure, des fleurs, des arbres
de toute sorte, il n'y a plus que le morne désert qui
étend jusqu'à l'horizon ses ondulations jaunes ou grisâtres. Trois choses seulement attirent l'attention : le
village de Tell-el-Kébir, qui rappelle la récente défaite
d'Arabi ; le canal Ismaïlieh, qui, du Caire à Ismaïlieh,
porte à travers l'Egypte septentrionale les eaux douces
et fécondantes du Nil, et, enfin, apparaissent comme un
beau et large ruban bleu sur le sable doré, le Canal de
Suez, œuvre colossale de M. Ferdinand de Lesseps.

Je me laissais aller aux réflexions que font naître
ces trois noms célèbres : Ismaïl pacha, l'opulent Khédive dont la main puissante implanta de force en
Egypte la civilisation européenne ; Arabi pacha, le
soldat rebelle, qui expie aujourd'hui sous un ciel lointain son ambition et son orgueil ; et enfin Ferdinand
de Lesseps, lorsque des acclamations joyeuses, le bruit
des fanfares militaires et une salve de vingt et un coups
de canon m'avertissent que nous étions arrivés à Suez.

Il était quatre heures et demie du soir.

(1). V. Hugo. *Les Orientales.* Le feu du ciel.

CHAPITRE III.

Personne n'ignore que Suez — l'Arsinoé ou Cléopa-
tris des anciens — est une ville égyptienne d'environ
dix-huit mille habitants, qui donne son nom au Canal
Maritime, dont elle occupe l'extrémité méridionale, et
au golfe magnifique qu'elle domine au nord et qui,
dans l'antiquité, portait le nom de Golfe Héroopolite.

Jusqu'à notre époque, ce port avait peu d'importance.
Il ne présentait qu'un aspect désolé, sauf lors de l'arrivée du pélerinage de la Mecque : c'était un entrepôt
entre le Caire d'une part, la Syrie et l'Inde, de l'autre ;
des bateaux à vapeur faisaient un service régulier de
cette ville aux Indes Orientales et à l'Extrème-Orient.

Pour lui donner son importance actuelle, il fallait
qu'un canal, traversant l'isthme, reliât la Méditerranée
à la mer Rouge, et fît, selon l'expression de M. Elisée
Reclus, une révolution commerciale et géographique en
abrégeant de neuf mille kilomètres le trajet de Gibraltar
à l'Inde.

Ce projet avait déjà été tenté six siècles avant l'ère
chrétienne par un roi d'Egypte appelé Néchao ; le canal
fut terminé, après la conquête du pays, par Darius, fils
d'Hystaspe. Il avait cent cinquante kilomètres de longueur et allait du Nil au golfe de Suez : le résultat était
donc identique. Comblé par les sables, il fut rétabli par
Ptolémée Philadelphe, négligé sous les derniers empe-

reurs romains, creusé de nouveau sous les Arabes par
l'ordre d'Osman, et enfin définitivement détruit en
l'an 767 par le sultan Al Mansour.

A la fin du siècle dernier, le général Bonaparte,
aussi habile administrateur que grand capitaine, traça
lui-même le plan d'un canal qui devait unir les deux
mers. Les circonstances ne lui permirent pas de réaliser
ce projet.

Cette œuvre gigantesque, comme nous l'avons dit
plus haut, fut reprise en 1858 à la voix de la France.
Malgré des obstacles qui paraissaient insurmontables
et qu'avaient créées des jalousies mesquines et des riva-
lités commerciales, elle fut achevée en 1869. L'Egypte
se souviendra longtemps des fêtes somptueuses qui
eurent lieu à l'inauguration de ce canal.

Deux villes nouvelles avaient surgi, dans ce pays,
comme par enchantement. Ismaïlieh et Port-Saïd. La
première reçut le nom du Khédive alors régnant ; la
seconde celui du prince éminent qui avait ouvert, sur
ses Etats, une route entre l'Europe et les Indes.

Disons, en passant, un mot de ces villes nouvelles :
Ismaïlieh est à la fois le point central du territoire de
de l'Isthme et la capitale administrative de la Compagnie. Les différents employés habitent des maisons
commodes, saines, construites sur un modèle uniforme :
Entourées de vérandas en bois et en natte, elles n'ont
qu'un rez-de-chaussée ; aux angles de la place Champollion s'élèvent les habitations à un étage. Les vérandas
forment dans toutes les rues, qui sont fort larges, une
suite de galeries où l'on peut se promener à l'ombre.

Chaque maison a son jardin. La ville, bâtie sur un plan
régulier, a quelque chose de morne et de raide. La population est de cinq mille habitants, y compris celle d'un
village arabe placé à quelque distance et dont les maisons ne sont que des gourbis. Il y a une église latine et
une église grecque pour la ville, une mosquée en bois
pour le village arabe. La ville et les édifices ont été
construits avec les belles pierres que fournissent d'abon-
dantes carrières situées, à quelques kilomètres, sur le
Plateau des Hyènes.

Port-Saïd, dit M. Gellion-Danglar, est un miracle
visible et tangible. De rien, quelque chose a été fait : tout
a été conquis sur l'eau et sur le sable. En 1860, il n'y
avait encore que sept ou huit baraques sur pilotis ;
aujourd'hui Port-Saïd contient 21,296 habitants ! Des
consulats de presque toutes les nations, un théâtre,
un cercle, des cafés, un vaste marché et un jardin
public. Le mouvement du port tend chaque année à
s'augmenter, et cette petite ville, si gracieusement
européenne, est appelée au plus brillant avenir.

Revenons à Suez.

Je dois avouer tout d'abord que je n'avais jamais vu
cette cité ; mais, connaissant son importante situation
géographique, qui la met en relation avec tous les con-
tinents, je m'en étais fait l'idée d'une ville animée aux
rues vastes, au commerce actif ; en un mot, une autre
Alexandrie. Ma déception a été profonde lorsqu'en
arrivant je demandai une voiture pour me conduire, moi
et mes bagages, à un hôtel quelconque ! L'homme de
peine à qui je m'adressai fut tout ahuri de ma demande.

— Une voiture ! mais il n'y en a pas ! il n'y en a jamais eu ! Vous trouverez des ânes, c'est déjà bien joli !

Je pris mon parti et, à la suite d'un guide, je m'aventurai dans la ville.

Il y a deux ou trois rues qui, malgré leur aspect triste, sont passablement tenues. On y voit divers magasins, des restaurants, des marchands d'antiquités, d'objets indiens, même des cafés français tenus par..... des Grecs — ces braves gens sont partout ! — enfin des maisons assez convenables, mais les autres rues !.....

Le Tapis Sacré fut reçu à Suez par les autorités locales, un régiment d'infanterie et salué par vingt et un coups de canon. On lui fit faire processionnellement le tour de la ville. A la suite d'un peloton de soldats s'avançaient les diverses associations musulmanes, avec leurs bannières aux multiples couleurs, psalmodiant des versets du Coran, chantant ou frappant en cadence avec des lanières de cuir sur des tambours : puis venaient l'infanterie, la cavalerie, les artilleurs et leurs pièces, et sur son superbe chameau, avec la même escorte qu'au Caire, apparaissait le Mahmal. Derrière la Sainte Relique venait S. E. Rachid bey, le sympathique gouverneur de Suez, en grand costume et à cheval, entouré des fonctionnaires de l'Etat.

Toute la population indigène ou européenne était — cela va sans dire — dans les rues, sur les terrasses et aux fenêtres, à contempler cet imposant spectacle.

Le tour de la ville achevé au milieu des acclamations populaires, le cortège se rendit au port, relié à la cité par un chemin de fer de trois ou quatre kilomètres. Le

Mahmal fut alors installé sur le bateau le *Chibine*, de l'Administration des Paquebots-Poste Khédivieh, et chacun se prépara à faire la traversée.

Le départ devait avoir lieu le lendemain matin.

Le pèlerin n'est pas plus difficile dans le choix de son lit que dans celui de sa nourriture.

La plupart des pèlerins avaient fait leurs provisions pour toute la durée du pèlerinage... et quelles provisions ! le plus austère des cénobites européens s'en épouvanterait ; des pastèques, des olives, du *mékahel* et du *mélouhah*, citrons et petits poissons conservés dans de l'eau salée : du *tamihah*, pâte formée de fèves broyées, de sel, de poivre, le tout sauté dans une huile grossière et nauséabonde ; enfin des dattes et du pain. Voilà la nourriture de la majorité. D'autres sont de beaucoup moins fournis ; bon nombre même n'ont absolument rien. Ils se sont lancés dans ce voyage de trois mois sans autre provision qu'une confiance aveugle en la Providence : *Allah Kérim !* « Dieu est généreux ! » disent-ils et les voilà partis dénués de tout. Heureusement que l'Arabe est charitable : celui qui a des provisions aide son frère moins fortuné et, dans ce peuple pauvre, mais au cœur généreux, le nom de *akhouia* (frère) que l'on donne au prochain, n'est pas un vain mot.

Après un frugal repas, ils ont choisi pour lit, en attendant le départ, soit un tapis, soit une natte, où ils se sont tout simplement enveloppés d'une modeste couverture, et gaiement ils s'endorment « à la belle étoile » en attendant le lendemain.

Dès les premières lueurs du jour, l'embarquement commença, je n'ai pas besoin de dire au milieu de quel vacarme ! Les fellahs sont le peuple criard et tapageur par excellence ; on les dirait toujours en colère !

Enfin un dernier coup de sifflet retentit, les femmes poussent des zaghroutas redoublés, et les bateaux se mettent lentement en marche.

Je dis « les bateaux », car l'Administration Khédivieh en avait mis deux à la disposition de la caravane : l'un portait le nom de *Chibine* et avait le Mahmal à bord ; l'autre s'appelait *Hodeïdah.*

J'occupais ce dernier. Je ne pouvais avoir un meilleur sort ; pendant toute la traversée, le capitaine et ses lieutenants me comblèrent d'attentions et de prévenances. Je tiens à les en remercier publiquement ici.

Tous les voyages en mer se ressemblent ; mais je crois intéressant de dire quelques mots sur la mer Rouge.

Tout le monde sait que cette mer, qui faisait autrefois partie de la mer Erythrée, reçut aussi le nom de golfe Arabique. Elle n'est, en effet, qu'un golfe de l'Océan Indien qui s'étend comme un large ruban bleu, entre l'Afrique et l'Asie, sur une longueur de 2,600 kilomètres avec une largeur moyenne de 240.

Elle est de toutes les mers celle où la vie a le plus d'intensité. On peut, sans exagération, la considérer comme un immense aquarium dont le fond de roche n'est plus visible ; il est complètement encroûté par d'innombrables espèces de zoophytes, de madrépores et de coraux. Un énoncé, même succint, de ces espèces ferait l'objet d'un chapître entier. Cette mer est vraiment « le Paradis des Naturalistes. » Parlerai-je des poissons? Elle a tous ceux de l'Océan Indien, plus ceux qui lui sont spéciaux.

Laissons donc en paix les énormes dugongs, géantes vaches marines, brouter ces immenses prairies d'algues et de fucus ; laissons les phoques rares chasser les poissons de roche innommés et inconnus. Mais, à propos de chasse, que de fois n'ai-je pas eu, plus tard à Djeddah et à Yambo, l'occasion d'assister à de terribles batailles entre poissons de différentes espèces ! Les plus petits — hélas ! c'est une loi, c'est une loi suprème vieille comme le monde et la fatalité, que de tout temps et en tous pays, les petits sont mangés par les gros ! — les plus petits, dis-je, poursuivis par leurs voraces adversaires, s'élançaient hors des flots et formaient une nuée d'argent sur les vagues bleues. Le bruit de cette chasse ressemblait à une fusillade et durait plusieurs minutes sur une surface de plusieurs décamètres carrés. Les vainqueurs, repus, regagnaient ensuite la haute mer, tandis que la bande inquiète et désorganisée des victimes se reformait et poursuivait sa promenade tournoyante à travers les eaux du port.

Des êtres bizarres sont les poissons-coffres, les légions de tétradons. Ce sont eux qui, gonflés, se voient dans la plupart des musées, montrant à l'extrémité de leur boule épineuse un bec de perroquet.

Laissons de côté le genre squale, représenté d'une manière complète comme nombre et comme taille, et arrêtons-nous un instant devant un animal plus rare et plus intéressant, la Rémora. Ce poisson atteint dans la mer Rouge jusqu'à la taille d'un mètre. Sa ventouse crânienne a alors les dimensions de la grandeur de la main. Avec un poisson d'une taille pareille, on peut s'expliquer le mode de pêche à la tortue de mer, possible avec un animal aussi puissant, mais qui ne le serait pas avec les exemplaires des musées qui mesurent à peine vingt centimètres.

Retournons au fond de la mer : tous les polypiers, tous les tubulaires y sont à profusion. On y trouve des méandrines géantes occupant des ares de surface. Qu'on se figure le spectacle prodigieux qu'offrent aux regards ces immenses arabesques s'enroulant au fond des ondes irisées par l'éclatante lumière des tropiques. Si nous passons aux raretés, nous devons, pour cette mer privilégiée, reculer devant toute énumération. Citons cependant la nummulite, qu'on ne connaissait qu'à l'état fossile, qu'on croyait être, il n'y a pas quinze ans, l'horizon géologique des temps tertiaires, et qui là se trouve vivante.

Si maintenant nous attaquons la conchyliologie, nous y trouvons la même splendeur, la même prodigalité de la nature.

C'est la patrie mystérieuse des perles blanches, noires et roses. Les univalves y sont aussi remarquables par leur nombre que par leur taille et ne le cèdent qu'aux bivalves. Tous les bénitiers de grandeur prodigieuse que l'on admire à l'entrée des cathédrales de l'Europe, viennent de la mer Rouge : c'est la *tridacna gigas*, qui atteint parfois une longueur de trois mètres.

Hâtons-nous d'ajouter que cette mer n'est pas moins riche à sa surface que dans ses profondeurs.

C'est, en hiver, le grand refuge des oiseaux d'eau voyageurs. Tout ce qui niche en Russie, en Suède, en Laponie, vient faire, sur ces flots tièdes, sa station hivernale. On y voit entre autres, sans essayer de passer en revue les palmipèdes, les cygnes sauvages, le *Colombus major* et le *Colombus minor*; les canards par millions, parmi lesquels le canard bleu. Quant aux palmipèdes qui nichent dans les rochers de la côte arabique et surtout de la côte lybique, ce sont, à commencer par les plus petits, toute la tribu des sternes, dont au moins deux espèces sont innommées, les mouettes et les goëlands. Vers le détroit de Bab-el-Mandeb, se trouve une variété peu connue de *Sulas*, et ce qu'il y a de plus extraordinaire, le *Diomedea fulyinosa* et le *D. exulans*. Ces deux oiseaux sont rares. On les aperçoit quelquefois par le gros temps et tout à fait au large. Ils doivent nicher dans ces milliers de petites îles madréporiques inconnues, dont quelques-unes ont jusqu'à plusieurs pieds d'épaisseur de guano.

Les rapaces sont aussi au grand complet. C'est le gypse *fulvus*, ce sont les autogypses, fauves, auriculaires, et un innommé de la plus grande taille. Le néophron pernoctère promène sur toute les grèves sa face orange à la recherche des crabes et des poissons morts.

Les *falconides* sont exactement des représentants, sous cette latitude, de leurs congénères d'Europe.

Un oiseau-type de ces côtes, qui lui donnent un cachet particulier, surtout sur la côte d'Egypte, c'est le genre *Corvus*, dont les principales variétés sont *C. corax*; *C. ægyptiacus*; *C. Corone*; *C. cornix*; *C. sineus*; *C. pica* et *C. senegalensis*.

Il y a enfin une quantité innombrable d'oiseaux qui par leur vol gracieux ou leur brillant plumage, attirent et charment les regards : le goëland, l'alcyon, le martin-pêcheur et trois espèces de merops: *M. apiaster*; *M. thebaïca* et *M. abyssinica* — ce dernier peu connu.

Les oiseaux, pour traverser cette mer, malgré son peu de largeur, ont souvent, probablement par suite des vents contraires, de la difficulté à *pénétrer*, et supportent des fatigues incroyables.

C'est ainsi qu'en faisant la traversée de Yambo à Djeddah vers la fin du mois d'octobre, tandis qu'un guêpier au plumage vert se reposait sur les cordages élevés d'un mât, une pauvre petite hirondelle, brisée de fatigue et palpitante de peur, vint s'abattre au milieu des passagers sur la rampe d'une passerelle. Saisie et relâchée deux fois, elle revenait encore demander au navire un abri contre la lassitude ou plutôt contre la mort. Ne serait-elle pas vraie cette parole d'un savant original : « Les poissons mangent plus de gibier que les hommes ? »

La plupart des géographes disent que la mer Rouge tire son nom de la couleur de ses eaux. De temps en temps, il est vrai, nous avons aperçu, flottant sur les vagues, une poussière brune qui, vue de loin, apparaît, m'a-t-on dit, d'un rouge éclatant. J'ai foi dans la parole de ceux qui m'ont affirmé l'avoir vue ; je ne puis que laisser aux hommes compétents de décider si cette poussière a donné son nom à la mer Rouge (1) ; en tout

(1) « La mer Rouge tire son nom de la terre *tesher,* ou rouge, qui se trouve entre le Nil et la mer Rouge. » (ALFRED WIDMANN, 1890).

cas, la plupart du temps, ses ondes sont d'un vert bleu magnifique qui ne le cède en rien à celui de la Méditerranée, et, en la contemplant, je me surpris à répéter les vers d'un grand poète contemporain, qui laissa en Orient un souvenir impérissable.

> Le Dieu qui décora le monde
> De ton élément gracieux,
> Afin qu'ici tout se réponde,
> Fait les cieux pour réfléchir l'onde,
> L'onde pour réfléchir les cieux ! (1)

Le navire vogue lentement dans le golfe de Suez. C'est vraiment une petite ville flottante. Il compte neuf cents passagers ! Tout est envahi ; aucun point n'est inoccupé, même les endroits de passage : passerelles, escaliers, rebords des ponts. Les pèlerins, pressés, assis les uns à côté des autres, depuis le pont supérieur jusqu'à fond de cale, ne paraissent pas trop souffrir de la chaleur accablante du jour ou de l'âcre humidité des nuits. Ils sont là, sans pouvoir se donner aucun mouvement, hommes, femmes, enfants, de toute nationalité, persans, syriens, algériens, turcs, égyptiens, marocains, ils chantent, parlent, fument, mangent ou dorment : leur patience est admirable !

Cependant les montagnes d'Afrique à droite, et celles d'Asie à gauche, se dessinent dans un horizon restreint. Elles élèvent dans le ciel leurs crêtes nues et découpées, leurs flancs pierreux, jaunâtres ou violacés ; montrant partout la tristesse, l'aridité, la mort. Ce

(1) A. DE LAMARTINE, *Méditations poétiques*. Adieu à la mer.

paysage sans végétation a quelque chose de sinistre, d'implacable et de grandiose. Involontairement, je pensais à un peintre et à un poète : Salvator Rosa et Dante Alighieri. A peine de temps en temps quelques oiseaux voyageurs viennent-ils égayer la vue du passager ; à peine quelques grands poissons font-ils reluire au soleil leurs nageoires d'argent ! En contemplant ces plages, séjour autrefois de peuples prospères et puissants, on ne peut se défendre du même sentiment pénible qui assiège l'âme du voyageur ou du philosophe en présence des Pyramides, des ruines de Thèbes, de Memphis ou d'autres grandes villes déchues, témoins trente fois séculaires d'une gloire et d'une prospérité tombées !

Le navire vogue toujours.

A la fin de la troisième journée, nous faisons une halte de quelques heures à Yambo, petite ville située sur la côte occidentale de l'Asie, à 24° 5' 15" de latitude nord et à 33° 36' 31" de longitude orientale du méridien de Paris. Cent quatre-vingt-dix milles nous séparent de Djeddah.

Yambo n'est qu'une agglomération de maisons et de cabanes malpropres à travers lesquelles serpentent des ruelles plus malpropres encore. Le passage des pèlerins seul lui donne un peu d'animation. C'est le port de Médine, la ville du Prophète. Le principal commerce du pays consiste dans la vente de dattes sèches assez renommées, surtout celles de Yambo-Nakl, oasis très fertile située à 6 heures de marche de la mer.

Cette ville ne laisse pourtant pas d'avoir son aspect pittoresque et intéressant. De la haute mer, on la voit apparaître sur une longue plage demi-circulaire, abritée à l'Orient par une triple chaîne de montagnes, hautes, arides, avec de nombreuses découpures, montrant ses maisons carrées ornées de *moucharabiehs* (1) et dominées par les blanches tours des mosquées.

Mais à mesure qu'on approche, le spectacle devient moins agréable, la plupart de ces maisons, si gracieuses vues de loin, ne présentent plus au regard que des ruines grisâtres.

C'est aussi la vraie patrie des mouches et des moustiques.

Le bazar, à l'intérieur, est assez curieux à visiter. De chaque côté d'une rue étroite, longue et tortueuse, se dressent des petites boutiques de marchands. A l'époque du pèlerinage les costumes les plus variés s'y entremêlent ; on y voit toutes les couleurs et toutes les nations : l'Algérien, l'Indien et le Turc y coudoient l'Egyptien, le Russe ou le Persan.

On y vend de tout : les aliments ordinaires de la vie, des dattes, du café, de la mercerie, des étoffes et beaucoup de perles fines et des pierres précieuses.

A l'ouest de la ville s'élèvent plusieurs tombeaux très vénérés, entre autres celui de Sidi Zarah. Ce saint personnage est invoqué dans le pays comme le protecteur des marins. Il habitait, me racontait un brave homme, propriétaire de la barque où j'étais descendu,

(1) Dans le chapitre suivant, nous donnerons quelques détails sur les *Moucharabiehs*.

la maison où s'élève aujourd'hui sa tombe, chambre quadrangulaire surmontée d'un vaste dôme. Un jour, un orage terrible sévissait dans le port ; il vit un bateau en détresse loin de la rive. Jetée contre un écueil, la frêle embarcation avait au flanc une large ouverture et l'onde amère, en y pénétrant, menaçait de l'engloutir. Ceux qui la montaient appelèrent l'homme de Dieu à leur aide. Alors Sidi.Zarah, après une courte prière, leur fit signe d'aborder et le trou du bateau fut miraculeusement fermé jusqu'à ce que l'équipage fut descendu à terre. C'est en mémoire de ce prodige que les gens de mer, dans leurs périls, invoquent Sidi Zarah.

A quelque distance du rivage se trouve une petite île d'une longueur d'un kilomètre environ et large d'une centaine de mètres. L'air y est très frais et très pur. A la partie orientale s'élève également le tombeau d'un cheik vénéré.

Il serait à désirer que l'on établit dans cette île un hôpital pour les pèlerins malades et qui, en cas d'épidémie, serait de la plus grande utilité, vu que Yambo, port de départ des pèlerins, ne possède aucun établissement de ce genre.

Nous nous remîmes en route pour Djeddah à cinq heures du soir.

Le 4 août, vers six heures du matin, bien avant d'apercevoir le rivage, un cheikh prit solennellement la parole : « Pèlerins, mes frères, dit-il, la terre vous convie à faire les ablutions prescrites et à vous revêtir du costume du Hiram, selon la loi sainte de notre Coran ».

Aussitôt chaque pèlerin, à double reprise, se lava
entièrement le corps, et chaque fois, avec une profonde
inclination, prononça ces paroles : « J'ai l'intention
cette année de me rendre à la Caaba pour y accomplir le pèlerinage et je m'engage à remplir les conditions de l'Hiram, selon la volonté de Dieu et de son
Prophète ». Voici la nature de ces conditions :

A partir de ce moment, le pèlerin ne peut se revêtir
que d'habits sans couture ; il doit s'abstenir de tout
rapport marital avec sa femme, de se faire couper la
barbe, la chevelure ou les ongles, de porter de l'or, de
l'argent ou des parures, de pêcher ou de chasser ; enfin
s'efforcer de n'avoir que des pensées pieuses et honnêtes.

Suivant l'état de sa fortune, il se ceint les reins
d'une pièce d'étoffe blanche plus ou moins riche ; parfois met un châle de même nature sur ses épaules ; les
sandales seules sont tolérées, mais la tête doit toujours
être nue.

Quiconque ne se conforme pas à ces prescriptions
doit alors immoler, en compensation, un ou plusieurs
moutons. On compte deux espèces de Hiram, l'un appelé
Bel-Hadj dure jusqu'à Médine, c'est-à-dire plus de vingt
jours, l'autre, nommé *Bel-Hombra* se termine à la Mecque après les prières autour de la Caaba.

Nous abordions à Djeddah, peu avant le coucher du
soleil.

L'astre roi se couchait. Calme, à l'abri du vent,
La mer réfléchissait ce globe d'or vivant,
    Ce monde, âme et flambeau du nôtre ;
Et dans le ciel rougeâtre et dans les flots vermeils,

Comme deux rois amis, on voyait deux soleils
Venir au devant l'un de l'autre ! (1)

Que ce débarquement est long ! le travail va son
train, mais toujours à dos d'hommes ; car les navires ne peuvent pas accoster. Le chargement doit
passer sur des barques, et, de là, sur le dos des porte-
faix. C'est interminable, j'en conviens, mais quelles
belles épaules et quels beaux muscles ! Si loin des
havres du Nord, aux grues puissantes, au ciel brumeux,
au travail fébrile, personne ici ne paraît compter avec
le temps : cet air tiède ralentit la marche, mais laisse
au corps sa belle nudité.

On comprend que les contemplatifs fument tranquillement leur narghileh dans le café voisin et bercent
leur indolence du spectacle de cette animation tran-
quille. C'est ainsi qu'on devait travailler quand le
monde était jeune, qu'il tournait autour de la Méditerranée, son centre et son berceau, et qu'il n'était pas
pressé, parce qu'il avait l'avenir devant lui !

CHAPITRE IV.

DE DJEDDAH A LA MECQUE.

Avant de suivre les pèlerins en route pour la ville
sainte de la Mecque, arrêtons-nous quelques instants
à Djeddah.

(1) — V. Hugo, *Orientales.*

DJEDDAH (Vue générale).

Cette petite ville est située, dans la zone torride, sur
la côte occidentale de l'Asie, à 21° 28' 6" de latitude
septentrionale et à 34° 13' 45" de longitude orientale
du méridien de Paris. Elle compte environ 16,000
habitants de population fixe; pendant les mois de pèlerinage, elle acquiert une population flottante d'au
moins 40,000 âmes.

De la haute mer, on la voit s'élever gracieusement
toute blanche entre le gris lointain des montagnes et
le bleu des flots sous un ciel resplendissant de clartés.
Elle est regardée comme le port de la Mecque. Elle
était très florissante et très fréquentée avant les
conquêtes des Wahabites.

On sait que cette secte puissante prit naissance au
sein de l'Yémen, vers le milieu du XVIII° siècle; elle
prétendait suivre, dans toute leur pureté, les préceptes
de l'islamisme, admettait l'authenticité du Coran, mais
refusait à Mohammed, ainsi qu'aux Imans, descendants
d'Ali, tout caractère divin. Elle eut pour chef Moham-
med-ben-Abd-el-Wahab, c'est-à-dire fils d'*Abd-el-
Wahab* (d'où lui vint le nom de Wahabites), qui fut
surtout secondé par un cheikh fort puissant nommé
Sehoud. La nouvelle doctrine se répandit promptement
dans toute l'Arabie, en Egypte, dans la Turquie
d'Asie et se rendit bientôt partout redoutable. En 1801,
les Wahabites s'emparent de la Mecque; puis, au
commencement de 1803, ils franchissent l'isthme de
Suez et menacent le Caire, mais ils sont arrêtés par
les mamelouks. Rentrés en Asie, ils s'emparent de
Médine et de Damas; mais en 1812, Mohammed Ali,

pacha d'Egypte, l'illustre fondateur de la dynastie
régnante, va les chercher jusqu'en Arabie et remporte
sur eux de brillants avantages ; enfin, son fils Ibrahim
parcourt en vainqueur tout le Nedjed, prend Derreyeh,
leur capitale, fait prisonnier Abdallah, fils de Sehoud,
et l'envoie à Constantinople, où le Sultan ordonne sa
mort (1818).

Depuis ce temps, malgré les espérances de l'émir
Ben-Rachid, la puissance des Wahabites n'a pu se
relever.

Que le lecteur me pardonne cette petite digression et
revenons à Djeddah.

C'est un des ports dont l'abordage est le plus difficile.
Tous les navires sont obligés de stationner bien au loin
dans la mer : passagers et marchandises parviennent à
terre au moyen de barques à voiles. Celles-ci, qu'on
appelle dans le pays *sambouks*, très habilement dirigées
par les indigènes, font de nombreux zigzags pour
arriver au port. La voie droite leur est impossible,
car cette rade, qui serait si belle si l'on voulait s'imposer quelques sacrifices, est parsemée de bancs de
corail et de sables, d'algues, d'écueils et d'îlots rocail-
leux. Elle est aussi d'une malpropreté extrême.

Encombrées de plantes marines, ne pouvant que
très difficilement se renouveler, les eaux, sous ce
climat brûlant, laissent continuellement échapper des
émanations délétères qui provoquent facilement des
fièvres intermittentes chez les indigènes et pernicieuses
chez les Européens.

L'on m'a assuré que l'état déplorable de cette baie

DJEDDAH

Tombeau Sacré de notre Mère Eve.

était dû à la crainte qu'éprouvent les habitants de la contrée d'être victime d'une invasion étrangère.

Peut-être ; mais je crois aussi que la situation financière y est pour beaucoup.

Au nord de la ville est un cimetière très fréquenté de tous les musulmans, qui viennent y vénérer le tombeau d'Ève, que les traditions arabes placent à cet endroit. Il compte soixante-trois mètres de longueur ; à la tête et au milieu du mausolée s'élèvent deux petits oratoires ; aux pieds du monument est une grande pierre grisâtre.La tombe, souterraine et creusée dans le roc, est vide ; ses dimensions sont marquées, à la surface du sol, par un mur de quatre-vingts centimètres de hauteur.

Lorsque j'ai visité ce monument, si renommé dans ce pays, j'y ai vu une affluence considérable de pèlerins venir, avant leur départ, réciter une prière à l'endroit où ils croyaient que leur première mère avait reposé pendant des siècles. Je n'ai pas à vérifier ici l'authenticité ou la valeur de cette tradition ; mais qui osera blâmer la pensée de donner un souvenir à la tombe de la femme, sainte et courageuse, mère de nos mères, de la fidèle compagne du premier homme dont Dieu a parlé en termes si magnifiques :

Nous dîmes aux anges : « Prosternez-vous devant Adam. » Et ils se prosternèrent, excepté Iblis (1), qui refusa avec orgueil, et fut compris parmi les impies. (XVII, 63.)

Cette pensée me fit impression. Je respecte la piété filiale sous toutes les formes et, devant les flots de la

(1) Iblis, c'est le *Chitân*, le *diable en enfer*, ou l'*Afrite*.

mer qui venaient se briser sur la grève, devant le
ciel qui s'illuminait d'astres sans nombre, sous le
souffle délicieux de la brise du soir, foulant la terre
qu'Ève avait, dit-on, sanctifiée, je remerciai Dieu
d'avoir consolé l'homme de toutes ses souffrances en lui
donnant une mère pour l'encourager et pour l'aimer !

Si maintenant l'on se reporte à l'extrémité méridionale de la ville, on peut voir le cimetière européen,
vaste enclos quadrangulaire, où, sous la surveillance
d'un cawas du consulat de France, dorment de leur dernier sommeil ceux que la mort a frappés sur cette terre
lointaine, victimes du devoir, du climat ou de la barbarie : consuls, marins, voyageurs, commerçants. Entre
autres tombes, j'y remarquai celle de M. Hévéard,
consul de France, massacré à Djeddah le 15 juin 1858
avec dix-neuf Européens, et celle de M. Charles Huber,
le courageux explorateur français, que ses guides assas-
sinèrent, il y a quelques années, à peu de distance de
la ville, au début d'une seconde expédition scienti-
fique.

Quant à l'aspect de Djeddah, à l'intérieur, la propreté
n'est pas ce qui y brille le plus. Les rues ne sont que de
longues allées tortueuses et étroites, où, de chaque
côté, se dressent de petites baraques. Généralement de
vastes nattes unissent les parties supérieures de ces
boutiques et forment au-dessus de la rue un plafond qui
tempère les ardeurs du soleil, mais favorise très peu
l'aération. Des marchands indigènes, auxquels il faut
joindre quelques Grecs, assis tranquillement à la mode
orientale, fumant dans leurs longs narghilehs ou psal-

modiant le Coran, offrent aux passants des étoffes de
toute espèce et de toutes couleurs, des articles de luxe
ou d'utilité, divers objets d'alimentation, enfin tout
ce qui est nécessaire à la vie humble ou aisée de ce
pays. La plupart de ces marchands sont esclaves. Le
soir, ils rapportent les bénéfices de la journé à leurs
maîtres, dont la vie se passe dans l'oisiveté la plus
complète. Non loin de la grande porte, qui du port
donne accès dans la ville, on voit deux ou trois cafés
européens, l'un d'eux est même orné d'un billard!

Le nettoyage de la ville est d'une extrème simplicité :
ce sont les pluies qui en sont chargées, et je me hâte
d'ajouter qu'il n'y pleut qu'une ou deux fois par an,
et encore! Il n'est donc pas besoin d'un grand effort
d'imagination pour se faire une idée de l'état intérieur
de Djeddah. Toute la superficie du sol est encombrée
d'épluchures de légumes, de fruits gâtés, de détritus
de tout genre et de toute odeur.

Bêtes à cornes, ânes, chevaux, chameaux, chiens
vagabonds, y laissent aussi des traces de leur passage ;
mais il ne faut pas même s'en plaindre, car les chiens
et les chèvres, qui rôdent partout, sont, tout bien
compté, les seuls agents de propreté en mangeant ce
qui, sans eux, s'accumulerait en pourrissant sur le sol.
D'autre part, la population pullule sur un territoire
relativement restreint et les vidanges s'y font d'une
manière surprenante. C'est le pays des expédients ; rien
de plus simple : on fait un trou à côté de la fosse d'aisances, on y jette les matières fécales, on le referme, et
c'est fini.

Et dire que ces infiltrations vont rejoindre les citernes dont plusieurs milliers de pèlerins boiront l'eau !

A tout cela si l'on ajoute ce que j'ai dit de l'insalubrité du port, de l'ardeur du soleil, de l'humidité des nuits sans air, on reste étonné que le choléra ou d'autres épidémies ne soient pas moins rares dans ces parages.

Les habitants de Djeddah appartiennent à la grande famille sémitique ; mais le Djeddaoui de race pure n'existe, pour ainsi dire, plus. Ce peuple, dans le cours de son histoire si agitée, s'est mêlé à d'autres races, venues surtout de l'Arabie méridionale. En général, leur teint est basané, leur taille svelte et au-dessus de la moyenne ; le nez, droit et fin, les lèvres minces, les dents blanches comme l'ivoire, et sous leurs sourcils bien arqués, brillent des yeux d'un noir ardent. On les dit intelligents et hospitaliers, mais vindicatifs et querelleurs.

Les hommes portent la *galabiah*, robe ample, aux couleurs voyantes, serrée autour du corps par une large ceinture ; leur tête est entourée du turban et la plupart ont aux pieds des *babouches* rouges.

Les enfants — surtout ceux qui avoisinent le port — ont un costume beaucoup plus simple ou même absolument primitif ; ils passent une partie de la journée dans l'eau, où ils se trouvent comme dans leur élément naturel.

Les femmes de la classe inférieure sont absolument vêtues comme celle de l'Egypte, c'est-à-dire d'un caleçon fermé à la cheville, d'une robe généralement bleu foncé et le visage recouvert d'un voile pour se préserver des regards indiscrets des passants. « La précaution n'est pas mauvaise, me dit un jour un de mes compagnons de voyage, mais je la crois trop générale ».

Les dames riches (la coquetterie est de tous les temps et de toutes les pays) portent, dans leurs habitations, avec de nombreux bijoux, des caleçons brodés d'or et de soie, des ceintures de même espèce et des camisoles d'étoffes somptueuses recouvertes de broderies d'or. Beaucoup ont les doigts de pieds ornés de bagues !

Tous sont d'une grande sobriété. Leurs aliments ordinaires sont, avec le pain, des dattes sèches, des raisins, du riz, des poissons, en un mot des fruits et des légumes — rarement de la viande — dont l'apprêt est des plus primitifs. L'eau est leur unique boisson.

L'eau de Djeddah ! j'en conserverai un souvenir éternel. Il faut vivre dans ce pays et se voir tourmenté par la soif que procurent quarante degrés de chaleur pour se résoudre à la boire. Puisée dans des citernes extrêmement mal entretenues, où grouillent des quantités énormes d'animalcules que l'on peut voir sans miscrocope, elle est renfermée et apportée à domicile dans des outres goudronnées. Mais ce goudron ne dure pas toujours et l'on se trouve dans une alternative embarrassante : ou l'eau a une odeur trop prononcée de goudron et provoque des catarrhes stomacaux ; ou elle s'imprègne de l'odeur plus nauséabonde de l'outre et n'en devient que plus répugnante et plus malsaine.

Et pourtant le gouvernement turc avait donné une somme considérable pour la construction d'un aqueduc qui devait amener à la ville les eaux de la fontaine Aïn-Zibedah, située à quelques kilomètres dans la montagne !

Le canal, il est vrai, fut creusé ; mais la quantité d'eau qu'il apporte est tout à fait dérisoire. Pourquoi ? Je me suis laissé dire que cet aqueduc avait été détruit ou détérioré par ordre secret d'hommes riches et influents, propriétaires de citernes dont ils vendaient les eaux impures. Ce canal gênait leurs spéculations !

Et maintenant la source d'Aïn-Zibedah ne pouvant suffire aux besoins du port, les habitants et les pèlerins se voient dans l'absolue nécessité d'acheter très cher l'eau des citernes.

Il y en a de deux qualités : la première, qui se vend naturellement à un prix plus élevé, est celle dont j'ai parlé plus haut — la seconde est de beaucoup pire, et tout le monde comprendra ce qu'alors elle doit être.

La construction des maisons ne brille pas précisément par l'élégance ; elles offrent avant tout un but pratique et l'ombre et l'air y sont ménagés pour toutes les heures du jour.

Sur les faces de chaque habitation sont en effet disposés des espèces de kiosques en bois, appelés *moucharabiehs*, avec fenêtres pleines et grillées, et meublées à l'intérieur de nattes et de coussins. On occupe naturellement celui qui n'est pas exposé aux rayons du soleil. Ces moucharabiehs sont parfois d'une très grande valeur. J'en ai remarqué plusieurs, faites de bois des Indes, ornées partout de sculptures d'une gracieuseté et d'une délicatesse incomparables, dont le

DJEDDAH

Spécimen des maisons de cette ville.

style rappelait l'art mauresque à son époque la plus
brillante.

Le soir, la ville prend un aspect bruyant et pittoresque. Devant les maisons, sur les places, partout
sont disposés de nombreux *dikka*, espèces de bancs
rectangulaires d'un mètre et demi de longueur sur
quatre-vingt centimètres de largeur, et dont la partie où
l'on s'asseoit et l'on se couche est en cordes tressées.
De huit heures du soir à une heure du matin, les
hommes conversent bruyamment entre eux, fumant,
cela va sans dire, la cigarette ou le narghileh, tandis
que d'autres chantent en s'accompagnant de batte-
ments de mains ou en frappant avec des lanières sur
des planches de bois ou de métal. C'est un tintamarre à
écorcher les oreilles les moins délicates. Jamais je n'ai
vu l'harmonie si maltraitée que sur cette côte asiatique
et pourtant cette musique provoquait de frénétiques
applaudissements !

A ces bruits discordants s'ajoutent parfois les fêtes
nocturnes que donnent dans leurs *sambouks* les bateliers qui se marient ou qui reviennent d'un long
voyage. Avec le même accompagnement de *bazas*, un
des chefs de la troupe chante, pendant des heures
entières, un couplet quelconque, que, par intervalles,
interrompent les joyeux assistants en poussant un :
« Ah ! » long et formidable qui n'a rien d'harmonieux.

Mais ce qui produit toujours une impression profonde, c'est l'heure de la prière du soir.

Des centaines de croyants, ayant à leur tête un cheikh
vénérable à la longue barbe blanche, se tiennent sur

deux ou trois lignes devant la mosquée, recueillis, les pieds nus posés sur les nattes qui s'étendent devant eux. En priant, ils s'inclinent, se prosternent et se relèvent tour à tour. Voici ce qu'ils disent : (1)..

I.

O Dieu Clément, qui dispenses les grandeurs et les petites fortunes, nous t'invoquons !

II.

Louanges à Dieu, Maitre de l'Univers !
Le Clément, le Miséricordieux !
Souverain au jour de la rétribution.
C'est toi que nous adorons, c'est toi dont nous implorons le secours.
Seigneur, dirige-nous dans la voie droite,
Dans la voix de ceux que tu as comblés de tes bienfaits ;
Non pas de ceux qui ont encouru ta colère, ni de ceux qui s'égarent.

III.

Dieu est Grand !
Grâces soient rendues à Dieu.
Dieu est Grand !
Grâces soient rendues à Dieu.
Dieu est Grand !
Grâces soient rendues à Dieu.

(1) La prière comprend quatre parties :
I. Le *Bismillah* ou invocation.
II. Le *Fatah*, nom du premier chapitre du Coran.
III. Le *Rakhâh* ou prosternation ; en le récitant on se prosterne.
IV. Le *Tahahïat* ou salutation.

IV.

Salut, respect et gloire à Dieu !
Salut au Prophète !
Salut à nous-mêmes.
Il n'y a de Dieu que Dieu et Mohammed est son prophète !
Salut à vous ! salut à nous !

Et pendant qu'ils récitent cette prière, du haut de
la tour de la mosquée qui s'élève, svelte et blanche, dans l'azur du ciel étoilé, la voix éclatante et
grave du *muezzin* lance successivement aux quatre
points cardinaux cette majestueuse et touchante invocation :

Dieu est grand !
Dieu est grand !
Je le proclame : il n'y a qu'un seul Dieu et Mohammed est
  son esclave et son prophète !
Je vénère la Religion et la Vertu !
Voici l'heure de la prière : Dieu est grand !
Salut et vénération à Toi, ô type de beauté, ô prophète de
  Dieu ! (1).

Les quatre grandes puissances coloniales, la France,
la Russie, la Hollande et l'Angleterre ont à Djeddah un
représentant chargé de défendre les intérêts de leurs

---

(1) Pour se conformer aux ordres divins, cinq fois par jour, la voix
du *muezzin* convoque les fidèles à la prière : à l'aube (*el-faghr*) à midi
(*el-dôr*) ; vers trois heures (*el-hasra*) ; au coucher du soleil, (*el-mahreb*) ;
enfin, une heure après le coucher du soleil (*el-hâcchah*): « Célèbre les
louanges de ton Seigneur avant le lever et avant le coucher du soleil et
à l'entrée de la nuit ; célèbre-le aux extrémités des jours pour lui
plaire. » (XX, 130).

5

nationaux musulmans. Je saisis avec bonheur l'occasion qui m'est offerte ici d'adresser à M. Wattbled, consul de France, mes plus sincères remercîments pour la bienveillance et l'amabilité qu'il m'a constamment témoignées. Je me fais un devoir d'acquitter la même dette envers M. Mardrus bey, agent de l'Administration de la Compagnie Khédivieh, qui, depuis plus de trente ans, habite le Hedjaz et n'est jamais si heureux que lorsqu'il peut obliger quelqu'un.

* *

Il est temps de revenir aux pèlerins.

Quarante-cinq mille d'entre eux se trouvaient a Djeddah dans les premiers jours du mois d'août.

Ce fut le 6 que partirent les premières caravanes et le « Mahmal », ayant pour escorte le Gouverneur, les soldats égyptiens et les chameliers.

La distance de Djeddah à la Mecque est de quatre-vingt-dix-sept kilomètres.

Beaucoup de pèlerins font le voyage à pied, car ces pauvres gens ont en général plus de dévotion que de fortune. Bon nombre cependant louent un ou plusieurs chameaux que conduisent les bédouins du désert ; le prix de location pour un de ces quadrupèdes est de dix à quinze talaris, soit une soixantaine de francs.

Le point important est d'arriver à la Mecque, au mont Arafat et à Mouna aux jours de fête fixés.

C'est chose assez curieuse que le chargement du chameau. Les bédouins, ces petits hommes trapus, au teint cuivré, à la barbe rare et noire, aux muscles bien

dessinés, font, malgré ses cris rauques, accroupir l'é-
norme animal, la tête allongée sur le sol, et, de leurs
mains nerveuses, lui serrent, en la tirant fortement, la
lèvre supérieure, moyen infaillible de le tenir en res-
pect.D'autres bédouins alors placent de chaque côté de la
bosse, les valises, les paniers, les provisions de voyage,
etc. Si, au lieu de bagages, le chameau doit transporter
des pèlerins, on lui met, également de chaque côté,
deux *choudoufs*, grandes corbeilles en feuilles de palmier
surmontée d'une toile qui puisse garantir les voyageurs
des ardeurs du soleil ou de l'humidité de la nuit.

Le chargement terminé, les chameaux sont placés
les uns à la suite des autres, liés entre eux par une
longue corde, et, à un signal donné, ils se mettent en
marche de leur pas monotone et saccadé.

Un voyage en chameau n'est pas précisément une
partie de plaisir. Sa marche inégale donne à ceux qui
le montent de fortes oscillations dont le résultat est le
plus souvent une indisposition analogue au mal de mer.
Ce voyage est, on le comprend, tout particulièrement
funeste aux femmes enceintes : deux personnes qui ont
voulu entreprendre le pèlerinage dans un état avancé
de grossesse, ont avorté en chemin, et, après une douloureuse hémorrhagie, ont succombé des suites de leur
imprudence, elles et leurs enfants. Du reste, il est impossible de leur donner aucun soin en route, car il
faudrait s'arrêter en laissant la caravane continuer sa
marche. De deux maux ce serait choisir le pire et l'on
s'exposerait à devenir la proie de la cruelle rapine des
bédouins.

Les bédouins ! dans ces pays mêmes où, à chaque instant, on les rencontre armés de pied en cap, enveloppés dans leurs burnous blancs et regardant avec dédain l'habitant de la ville, leur nom est le terrible synonyme de la hardiesse jointe à la fourberie et à la férocité.

Ces terribles écumeurs des plaines de l'Arabie sont loin d'être des musulmans. Ils méconnaissent leurs devoirs envers Dieu, qu'ils ne prient jamais, et leur religion à eux c'est le vol et la rapine. La victime qui a le plus à souffrir de leurs exactions c'est le pèlerin traversant les plaines et les défilés du Hedjaz. Si l'on demande à un bédouin quelle est sa récolte, il vus répond avec un froid cynisme : «Ma récolte est le pèlerin.»

Je ne voudrais pas paraître un narrateur exagéré, mais à en croire les récits peu rassurants qui ont cours dans le pays, je ne saurais trop engager les voyageurs et les pèlerins futurs à prendre beaucoup de précautions ; c'est surtout en faisant un voyage à travers le Hedjaz que la prudence est mère de la sûreté.

Partis de Djeddah peu avant le coucher du soleil, nous voyageâmes pendant toute la nuit à travers le désert, entre deux chaînes de montagnes, sur une route passablement unie, encombrée d'une grande quantité d'herbes épineuses et rampantes.

Le lendemain, vers les huit heures du matin, la caravane fit halte dans le petit village d'Haddah, situé à égale distance entre le port d'arrivée et la ville sainte. Haddah, en arabe, signifie *limite*.

C'est là, rapporte la tradition, que Mohammed, fuyant

de la Mecque, le 16 juillet 622, pour se rendre à Yathreb, aujourd'hui Médine, rencontra une vieille femme, à l'aspect vénérable.

— « D'où venez-vous ainsi à travers ce désert? demanda le Prophète.

— Je viens du côté de l'Occident, répondit la vieille, d'une ville qui s'élève au bord de la mer, là-bas derrière la montagne, et qu'on appelle Djeddah.

— Ah! tant mieux! car je veux y aller moi-même, répartit l'auguste fugitif. Que pensez-vous du pays et de ceux qui l'habitent?

— L'eau y est salée, dit la vieille, et les gens y sont tous mécha.ts! »

Le Prophète alors modifia son itinéraire, et, évitant d'aller à Djeddah, ville si mal famée, après un court séjour à Haddah, il prit directement le chemin de Médine.

Notre caravane, après s'être reposée pendant la journée, reprit sa marche à la tombée de la nuit, et le lendemain, 8 août, aux premiers feux du jour, nous entrions à la Mecque, la ville sainte de l'Islam et de la Caaba.

Une heure avant de franchir l'enceinte vénérée, un *Moutaouif*, cheikh chargé de réciter les prières au nom des fidèles, vint à notre rencontre.

Au nom de tous les pèlerins présents, il prononça cette formule sacrée, prescrite par le Prophète lui-même;

Dieu Grand! c'est ici ta région sainte!
J'accomplis les prescriptions de ton culte; ta parole est la vérité même!

Celui qui entre dans ton Temple y trouve son salut.

Seigneur, que ta volonté sainte s'accomplisse !

Grâces te soient rendues !

Gloire à Toi !

Tu es seul Roi dans ton royaume et ta puissance est sans rivale.

Je te demande de l'obéissance à ta volonté sainte et j'ai recours à ta miséricorde pour être préservé, au jour suprême, des flammes dévorantes de l'Enfer !

CHAPITRE V.

LA MECQUE.

Suivant une des légendes arabes les plus répandues, Abraham « l'ami de Dieu », confirmé dans sa foi par plus d'un miracle, alla prêchant la vérité et poursuivant l'idolâtrie en Babylonie, en Syrie, en Palestine, en Egypte.

C'est de là qu'il ramena son esclave Agar, dont il eut un fils. Pour satisfaire à la jalousie de Sarah, son épouse, il conduisit, par un commandement divin, la mère et son enfant au lieu où longtemps après fut la Mecque. La solitude était aride et désolée ; devant sa mère folle de douleur, Ismaël allait mourir en proie aux ardeurs de la soif, lorsqu'il frappa du pied sur le sol ; une source abondante en jaillit. C'est la fontaine du *Zemzem*.

Ce prodige désigna Ismaël au respect de tous.

Abraham vint le retrouver plus d'une fois. Dans l'un de ces voyages, il lui communiqua l'ordre du ciel

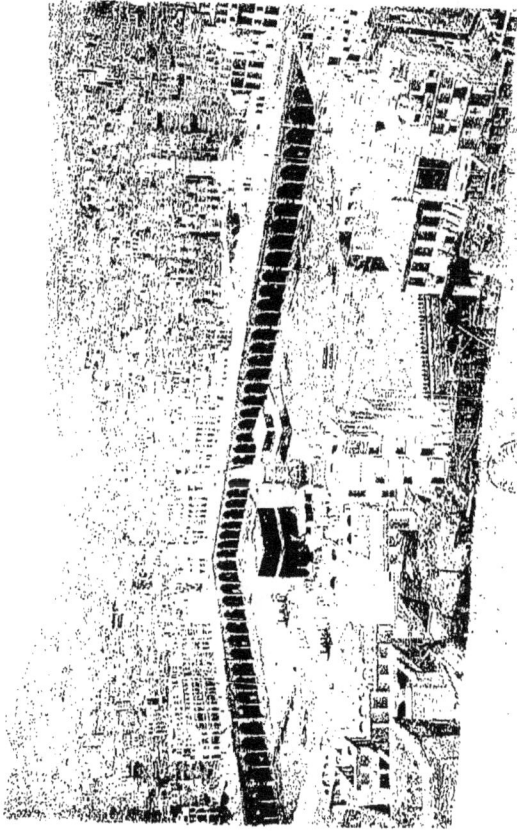

LA MECQUE

Mosquée Haram-el-Chérif et la Caaba.

de rebâtir un sanctuaire élevé par Adam, le premier
vrai croyant. Lorsqu'ils voulurent, en construisant cet
édifice, marquer l'angle de l'autel où devaient à l'avenir s'accomplir certaines cérémonies, l'archange Gabriel
leur apporta une pierre d'une éclatante blancheur. Ce
sanctuaire est la Caaba, située dans la vallée de la
Mecque. Cette pierre, noircie par le temps, est la fameuse pierre noire encore aujourd'hui vénérée.

De temps immémorial, cet oratoire d'Abraham et
d'Ismaël, regardé comme consacré au Dieu suprême,
Allah, était visité par toutes les sectes de l'Arabie.

D'innombrables tribus qui se disaient descendantes
d'Abraham, erraient, nomades et indépendantes, dans
les oasis et dans les vallées de la grande péninsule. On
distinguait entre autres les *Moutarriba*, qui peuplèrent
le Hedjaz ; les *Jectanides* ou Moutarriba descendants de
Jutan, de la race d'Abraham, qui s'établirent dans l'Yémen ; les *Aribu* ou Arabes proprement dits, au premier
rang desquels on place les Adites et les Amalécites. Les
Jectanides, faisant valoir la richesse de l'Yémen, vou-
laient assurer à Sanà le titre de capitale de l'Arabie ;
les Ismaélites, une des tribus des Moutarriba, pour assurer la prééminence de la Mecque, s'appuyaient sur ses
origines sacrées.

Une tribu qui devait acquérir une importance considérable fut celle des Koréïchites, dont le chef El Koreïch,
descendait d'Ismaël.

Comme la Caaba était restée longtemps isolée dans
le désert et que les pèlerins séjournaient sous des tentes en venant visiter le célèbre sanctuaire, Kossaï, qui

vers le milieu du cinquième siècle, était chef de cette
tribu, essaya de faire de cet endroit une ville importante
et de donner ainsi plus d'unité et d'indépendance à la
religion de la Caaba.

Au milieu de cette multitude de cultes, quelques
personnages, qu'on appelait *Hanyfes*, vinrent après lui
tenter une régénération religieuse. Un poète très admiré
prédit la venue prochaine d'un prophète, dont le rôle
devait être de faire disparaître les fables grossières qui
défiguraient l'antique foi d'Abraham.

En 569, naissait le fils d'Abd-Allah, le descendant
de Kossaï, à qui fut donné le nom jusqu'alors inconnu
de *Mohammed* ou le Glorifié.

Mohammed naquit à la Mecque. Sa famille appartenait
à la puissante tribu de Koréïchites.

Son berceau, si l'on en croit la tradition, fut entouré
de prodiges :

Le monde entier s'émut au moment où naquit le futur Prophète. Le palais des Kosroès, à Ctésiphon, s'ébranla et quatorze
de ses tours s'écroulèrent ; le feu sacré des pyrées s'éteignit malgré la surveillance incessante des Mages ; le lac de Sawa se
dessécha, le grand Moubed des Perses rêva l'envahissement de la
Perse par les chameaux et les chevaux arabes, et Amina raconta
à son beau-père que pendant sa grossesse, elle avait rêvé qu'une
lumière extraordinaire se répandait de son sein pour illuminer
le monde ; enfin Abd-el-Mottalib, en venant un jour voir son
petit-fils, s'aperçut avec étonnement qu'il était né circoncis. (1).

(¹) Kasimirski. *Préface du Coran*, p. VII.

LA MECQUE

Tombeau Sacré de Sitina Khadija, Epouse du Prophète.

Il perdit à cinq ans son père Abd-Allah, fut élevé par son oncle Abou-Taleb, prince de la Mecque, jusqu'à l'âge de quatorze ans, puis s'enrôla dans une caravane et alla faire la guerre sur la frontière de Syrie. De retour à la Mecque, il épousa à l'âge de vingt-cinq ans une riche veuve nommée Sitty Khadigah.

Il s'était déjà fait remarquer par son esprit, sa probité et la régularité de sa conduite ; mais depuis son mariage jusqu'à l'âge de quarante ans, il mena une vie toute de retraite et d'étude, pendant laquelle il entreprit de réformer la religion de son pays, d'y faire adorer un seul Dieu et de réunir en une seule les diverses religions qui divisaient alors l'Arabie, l'idolâtrie, le judaïsme et le christianisme. (1).

Mohammed commença sa mission en 611.

L'archange Gabriel lui apparaissait et lui dictait les vérités qu'il devait révéler aux hommes. Après avoir converti sa famille et quelques amis puissants, parmi lesquels on compte Ali, Aboubekre, Othman et Omar, si célèbres dans les annales musulmanes, il prêcha publiquement, se proclamant Prophète et envoyé de Dieu.

Mais il éprouva dans la Mecque une vive opposition et fut contraint, le 16 juillet 622, de s'enfuir à Yatreb. Cette ville l'accueillit avec enthousiasme et reçut de là le nom de Médine (Médinet-el-Nabi) ou *Ville du Prophète*. C'est de cet événement que date l'ère musulmane, appelée *Hégire* ou fuite.

(1) C'est en l'an 206 de J. C. qu'Abou-Carib fit une expédition en Perse et qu'à son retour il s'empara du Hedjaz, assiégea Yatreb, visita la Caaba, et embrassa le judaïsme qu'il introduisit dans l'Yemen. Le christianisme y avait été prêché, vers 343, par Théophile, envoyé de l'empereur Constantin, mais l'idolâtrie restait la religion dominante du pays.

Mohammed persécuté employa les armes à la propagation de la religion nouvelle. Il soumit plusieurs provinces de l'Arabie et, en 630, il s'empara de la Mecque, dont il renversa les idoles. La mort ne devait pas lui laisser le temps d'étendre ses conquêtes.

Au commencement de l'année 632, il sentit ses forces décliner subitement. Le Prophète résolut alors de terminer son œuvre par un pèlerinage solennel.

Il quitta Médine suivi de cent quatorze mille pèlerins, et arriva à la Mecque le matin du quatrième jour de Dzoul-hidjeh. S'étant immédiatement rendu à la Caaba, il baisa respectueusement la pierre noire et fit les sept tournées (*tawaf*) autour du temple. Après avoir prié près du *Makam-Ibrahim*, il revint de nouveau baiser la pierre noire, puis, sortant de l'enceinte du temple, il alla prier sur la colline de Safa et termina la journée par le *Saï*, c'est-à-dire en parcourant sept fois l'espace compris entre cette colline et celle de Marouah.

Le 8 de Dzoul-hidjeh (7 mars), Mohammed, entouré de la foule qui se pressait autour de lui, se transporta dans la vallée de Mouna, où une tente lui fut dressée ; il y fit cinq prières ; puis, le lendemain, monté sur sa chamelle Coswa, il s'achemina vers le Djebel-Arafat.

Placé sur une élévation d'où il pouvait dominer la foule et sans descendre de sa chamelle, il adressa au peuple une allocution éloquente: « O mon Dieu ! s'écria-t-il en terminant, ai-je rempli ma mission ? » Des milliers de voix s'élevèrent pour lui répondre : « Oui, tu l'as remplie ! » Et il ajouta : « Mon Dieu, entends ce témoignage ! ».

Il se rendit ensuite, après la prière de *El-Hasra*, dans un autre endroit du Mont Arafat, appelé *Essakarat*. Ce fut là qu'il annonça le verset du Coran où Dieu dit: « J'ai terminé l'édifice de votre foi religieuse ».

Le lendemain, jour des sacrifices, Mohammed immola de sa main soixante-trois chameaux et donna la liberté à soixante-trois esclaves : ce nombre était égal aux années de son âge.

Il se fit ensuite raser la tête (car il n'est pas permis de se raser pendant le pèlerinage), et les personnes les plus rapprochées se partagèrent ses cheveux coupés.

Telle est la relation que les historiens nous ont laissée de ce pèlerinage; ils le nomment le « pèlerinage de l'enseignement » (*hadjet-el-balague*), parce que le Prophète fixa par son exemple tous les rites à accomplir; on l'appelle aussi *hadjet-el-Islam*, comme ayant complété l'institution de la doctrine musulmane; enfin, on le nomme plus communément le pèlerinage d'adieu, *hadjet-al-widah*, parce que Mohammed semble, en cette occasion, adresser ses adieux à sa patrie et à tous les musulmans.

De retour à Médine, il vit sa fin approcher. Il s'installa alors dans le logement de sa femme Aïcha et donna des ordres très précis pour régler sa sépulture : « Quand vous m'aurez lavé et enseveli — dit-il à ses parents — vous me poserez sur ce lit, au bord de ma tombe, qui sera creusée dans cette chambre même, à la place où je suis, puis vous me laisserez seul où je suis et attendrez que l'ange Gabriel et tous les anges du Ciel aient prié sur moi; d'abord ma famille et enfin tous les musulmans.»

Malgré une faiblesse extrême il se rendit encore, s'appuyant sur ses deux cousins, à la mosquée, et là, monté sur une chaise, il fit aux assistants l'allocution suivante : « O musulmans ! si j'ai frappé quelqu'un d'entre vous, voici mon dos, qu'il me le rende ; si j'ai ravi à quelqu'un son bien, qu'il le reprenne ; qu'on ne craigne pas de s'attirer ma haine. Mon cœur n'est pas fait pour haïr ». Un individu vint lui demander trois dirhems ; Mohammed les lui restitua en disant : « Mieux vaut la honte en ce monde que dans l'autre ». Alors, rentré chez lui, il s'affaissa bientôt et, prononçant ces mots entrecoupés : « Mon Dieu ! .... oui.... avec le compagnon d'en haut ! » ([1]) il expira sur les genoux d'Aïcha, le 13 Rabi-Awel de la onzième année de l'hégire, qui était un lundi.

La tradition a conservé plusieurs traits de la vie du Prophète qui le peignent comme un homme plein de douceur, d'humanité et de bienveillance.

Quant à son extérieur, il était de taille moyenne, son corps robuste et bien formé ; il avait les yeux noirs, les cheveux noirs et plats, le nez aquilin, les joues unies, les dents un peu écartées. Sa figure était à la fois douce et ferme ; elle était, si je puis parler ainsi, le reflet des sentiments de celui qui avait l'habitude de dire : « Les choses que j'aime le plus en ce monde sont les femmes et les parfums ; mais ce qui réconforte le plus mon cœur, c'est la prière ».

Les restes vénérés du Prophète reposent dans la seconde des villes saintes de l'Islam, à Médine, qui

([1]) L'archange Gabriel.

Sayidna ONE-EL-RAFIK, Chérif de la Mecque

depuis lors reçut le surnom de *Manawarah*, l' « Illuminée ». (¹)

* *

Revenons à la Mecque.

Cette ville est située entre des montagnes très élevées.
Ses rues étroites sont sans alignement; l'une d'elles
divise la cité en deux et conduit au *Mahalah* (cimetière),
ayant, dans son long parcours, une largeur moyenne
de sept ou huit mètres. Du reste, la description que j'ai
donnée de Djeddah peut facilement s'appliquer à la
Mecque. On y remarque, avec l'unique mosquée, deux
bains et un nombre considérable d'hôtels arabes.

En face de l'une des portes de la mosquée s'élève un
vaste bâtiment solidement construit et à un seul étage.
C'est le *Tekiah* égyptien, vaste asile destiné aux pèlerins
pauvres. Une cour immense est au milieu ; on y trouve
un moulin et des magasins pour le blé, le riz, le maïs,
envoyés d'Egypte. Près de quatre-cent cinquante indigents y viennent chaque jour chercher leur nourriture.
A cet établissement de bienfaisance sont attachés divers
employés: un magasinier, un cuisinier, deux écrivains,
sous la haute surveillance d'un intendant.

A la Mecque résident l'émir du Hedjaz et un *Hokoum-
dâr* ou gouverneur général. Le premier est actuellement
Son Altesse le Chérif Mehemet Hôn-el-Rafiik, descendant
du Prophète. Son auguste origine lui donne droit aux
honneurs souverains et il reçoit le titre de *Saïdna* (notre
Seigneur) S. A. Hôn-el-Rafiik est un homme d'une

(1). Voir Caussin de Perceval et Kasimirski.

quarantaine d'années, d'une prestance magnifique et d'une remarquable intelligence. Je crois pouvoir dire sans flatterie qu'il est — et ce mot renferme tous les éloges — digne en tout point de la haute position qu'il doit à sa naissance.

Ce titre de Chérif est transmissible de père en fils par voie d'héritage, ses appointements sont de livres turques 1500 par mois.

Il va sans dire que les habitants du pays profitent de ces jours d'affluence pour exploiter, dans toutes les limites du possible, les pauvres pèlerins. Tout devient d'une cherté extraordinaire : les maisons se louent à des prix exorbitants et les aliments de première nécessité ne peuvent s'acquérir qu'à un prix double ou triple de leur valeur ordinaire.

Notre logis trouvé, après nous être un peu remis des fatigues du voyage, nous nous rendîmes à la Caaba.

* *

La mosquée de Haram-el-Chérif, la seule qui s'élève dans l'enceinte des murs de la Mecque, est un quadrilatère sur les côtés intérieurs desquels sont disposés des arches et des portiques, ornés de riches sculptures. Elle peut contenir jusqu'à six cent mille personnes. Sur ses quatre faces, huit minarets lancent dans les airs leurs tours élégantes et frêles ; huit portes y donnent accès.

Au centre est la Caaba, premier sanctuaire de la religion musulmane, but unique et suprême du pèlerinage des croyants, l'oratoire de notre premier père

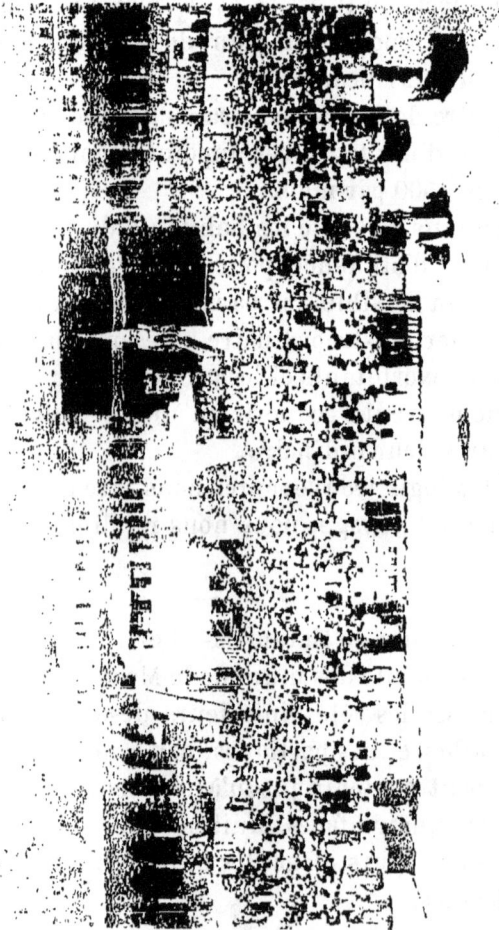

LA PRIÈRE DU VENDREDI

Dans la Mosquée Haram-el-Chérif, autour de la Caaba.

Adam, reconstruit avec l'aide des anges par Abraham
et Ismaël ; en un mot, la Maison de Dieu.

Nous établîmes la Maison Sainte pour être la retraite et l'asile
des hommes, et nous dîmes : Prenez la station d'Abraham pour
oratoire. Rendez pure ma maison pour ceux qui viendront en
faire le tour, y vaquer à la prière et faire des génuflexions et
des prostrations. Lorsque Abraham et Ismaël eurent élevé les
fondements de la Maison, ils s'écrièrent : « Agréez-la, Seigneur,
car vous entendez et vous connaissez tout ! » (II, 119, 121).

La Caaba a une forme cubique ; sa hauteur est d'environ dix mètres. Les murs extérieurs sont recouverts
d'une riche draperie que l'on renouvelle chaque année,
comme nous l'avons déjà dit, et qu'entoure, à six mètres
de hauteur, un large ruban de drap d'or où sont inscrits des versets choisis du Coran. Le long des quatre
côtés s'étend une gouttière d'or qui reçoit l'eau du ciel.
La porte unique de l'oratoire est très élevée au-dessus
du sol ; on y pénètre au moyen de deux échelles mobiles,
l'une pour les hommes, l'autre pour les femmes. Cette
dernière, présent d'un pieux et opulent Indien, est en
argent massif.

L'intérieur est une salle pavée de marbre, éclairée
par des lampes d'or massif et recouvertes d'inscriptions.
Dès les temps les plus reculés, l'ornementation en a été
très riche. Voici la description qu'en a donné Nassiri
Kosran, dans sa relation d'un voyage en Palestine et
en Arabie, en l'an 1035 de l'ère chrétienne, publiée
récemment par M. Schefer, l'éminent directeur de l'École
des langues orientales :

Les murs de la Caaba sont tous revêtus de marbres de diverses
couleurs. Du côté de l'occident, il y a six mirhabs en argent,

fixés par des clous à la muraille ; chacun d'eux a la hauteur d'un homme ; ils sont ornés d'incrustations en or et en argent niellé d'une teinte noire foncée. Les murailles sont jusqu'à la hauteur de quatre arehs au-dessus de la terre dans leur état primitif ; à partir de cette hauteur, elles sont, jusqu'au plafond, recouvertes de plaques de marbre, ornées d'arabesques et de sculptures dont la plus grande partie est dorée.

C'est dans l'une des murailles extérieures que se trouve enchâssée la célèbre pierre noire apportée par l'archange Gabriel. Cette relique mesure vingt centimètres de diamètre.

Devant la porte de ce vénéré sanctuaire se dressent successivement une chaire de marbre et de bois sculptés, où l'Imam vient réciter les prières et enseigner la doctrine ; le tombeau du patriarche Abraham, recouvert de cachemires brodés d'or et de pierreries et sur lequel de nombreuses lampes d'or sont suspendues (¹) ; le *Bab-el-Salam* ou Porte du Salut, vaste arc de triomphe de huit mètres de hauteur, orné de sculptures magnifiques ; enfin, le *Zimzim*, monument de dimensions modestes qui renferme la source sacrée, jaillie du sol du désert sous le pied d'Ismaël.

Il va sans dire que l'eau de cette source est avidement recueillie par les fidèles. Chacun tient à en emporter pour soi ou pour ses amis en souvenir du pèlerinage. A la Mecque et dans les villes voisines, les indigènes en vendent une quantité considérable, renfermée dans de petits flacons de fer-blanc.

(¹) Dans le culte musulman, les lampes suspendues devant un objet sacré ne sont allumées que la nuit.

LA MECQUE

Intérieur de la Mosquée Haram-el-Chérif et Puits de Zamzam.

La croyance populaire affirme que ce puits sacré
aboutit au paradis. Autrefois beaucoup de pèlerins ne
redoutèrent pas de s'y précipiter ; leurs corps, emportés
par les courants des couches inférieures ne furent
jamais retrouvés, ce qui, sans doute, ne contribua pas
peu à augmenter les superstitions primitives. Le gouvernement de S. M. le Sultan a sagement fait placer une
grille à un mètre au-dessous de la surface de l'eau, ce
qui permet d'y puiser à volonté, mais enlève, en même
temps, toute possibilité de se noyer dans la sainte
citerne.

Voici comment elle a pris le nom de *Zimzim* :

Ismaël, nous le savons, mourant de soif dans cette
contrée aride avait fait jaillir cette source ; mais l'eau
s'élança si abondante que, craignant l'inondation du
pays tout entier, le saint enfant se hâta d'en modérer
l'impétuosité en s'écriant : « Resserre-toi ! resserre-
toi ! » Ces mots se traduisent par *Zimzim* dans la langue
arabe.

J'ajouterai que la source a, dans l'enceinte de la mosquée, plusieurs puits secondaires pour en permettre
une plus abondante distribution.

A la Mecque, soit au Mahala, soit à la mosquée, se
trouvent les tombeaux de personnages célèbres dans
les annales de l'Islam ; c'est, avec celui d'Abraham, ceux
de Sitty Amina, mère du Prophète, de Khadigah, sa première femme, des Imams Hanifah et Hembali. On ne doit
pas confondre ces tombeaux (*makham*) où reposent les
restes de ces illustres personnages, avec les mausolées
élevés en l'honneur de quelques autres, mais qui sont

6

absolument vides (*mesghed*) ; tels sont ceux des imams Chaffieh et Malki, que l'on voit auprès du tombeau d'Abraham, mais dont les cendres sont, celles du premier au Caire, celles du second à Médine.

Ces quatre Imams dont je viens de parler, c'est-à-dire Hanîfah, Hembali, Malki et Chaffieh, sont les chefs des quatre grandes sectes de l'Islam. Elles ne diffèrent toutefois entre elles que par l'austérité et l'observance plus ou moins sévère des préceptes religieux et toutes quatre appartiennent à la grande classe des *Sounnites*.

Car l'Islam se divise en deux grandes classes religieuses : les *Sounnites* et les *Chyites* (hérétiques). Les premiers admettent le *Sounnah*, vaste compilation de traditions qui sert de complément au Coran ; les seconds, partisans d'Ali, gendre et fils adoptif de Mohammed, rejettent la plupart de ces traditions et se séparent complètement de leurs coreligionnaires. Ils sont surtout nombreux en Perse. — Pour plus de détails on peut se reporter à l'ouvrage de M. le Dr G. Le Bon.

Le plus ancien de ces rites a été fondé par l'Imam Abou-Hanifah el-Nooman-ebn-Sabet, que l'on regarde comme le promulgateur de la *Chariah*, ou loi musulmane. Il jouissait d'une grande réputation de sainteté et de savoir. il mourut à Bagdad en l'an 150 de l'hégire, âgé de soixante-dix ans. Il venait d'être jeté au fond d'une prison pour avoir refusé les fonctions de juge. « Je ne veux pas être juge, disait-il, car je ne veux pas être jugé moi-même. » Le rite hanafite est suivi par la Cour de Constantinople et par les Turcs.

Malik-ebn-Hanas, mort à Médine l'an 179 de l'hégire (795), est le chef du rite malékite. Il a surtout des partisans dans l'Occident musulman, dans la Régence de Tripoli, en Tunisie, en Algérie et au Maroc.

L'Egypte presque tout entière appartient au rite Chafféïte, qui doit son origine à Mohammed-ebn-Abbas-ebn-Osman-ebn-Chaffeï, né en Syrie et mort· (204 de l'hégire) en Egypte, à Fostat, où il vécut quatre ans.

Enfin, Ahmed ebn-Hembali, mort en 241 de l'hégire à l'âge de soixante-dix-sept ans, a laissé des sectateurs à Damas et à Bagdad ; ils se sont répandus de là dans la Syrie et l'Yémen.

La garde et l'entretien de la Caaba sont confiées au « Chébah » par un privilège qui s'est perpétué de père en fils dans sa famille depuis le Prophète. Seul ce « Chébah » a le droit d'ouvrir la porte de l'auguste sanctuaire. Chaque année, il reçoit un magnifique costume de soie en échange de l'ancien, dont les morceaux sont distribués aux pèlerins, qui le conservent respectueusement comme une relique. Une trentaine d'eunuques l'aident dans les différentes fonctions de son ministère.

Les pèlerins, suivant l'exemple que leur a donné le Prophète, doivent entrer à la mosquée de Haram-el-Chérif par le Bab-el-Salam ou Porte de Salut.

Ils s'avancent alors devant la Caaba, qu'entoure une balustrade de bronze, et baisent respectueusement la pierre noire apportée du ciel. Le *Mataouil* commence alors cette prière que tous répètent en faisant sept fois le tour du monument sacré :

O Dieu grand ! Souverain Seigneur du ciel et de la terre !

C'est pour obéir à ta Religion sainte, à ton ordre divin et à la
volonté de ton Prophète, que je viens dans cette auguste
maison, ta propriété, ta demeure et ton sanctuaire.

C'est le séjour du salut !

Seigneur, tu es notre lumière et notre soutien.

Par toi, nous sommes à l'abri du doute et de la ruse des
trompeurs.

Par toi, notre conduite est droite et sainte.

Oh! nous t'en conjurons ! quand viendra le dernier des
jours, alors que le soleil de ta justice irritée brûlera les
pêcheurs, mets-nous à l'ombre de ta bonté puissante !

Donne alors à notre langue altérée une onde rafraîchissante.

Bénis, Seigneur, ce pèlerinage et répands tes faveurs sur
toutes nos entreprises.

Qu'au jour suprême, cette pierre sacrée, apportée par tes
Anges, rende témoignage de notre visite à ton sanctuaire !

Dieu grand ! donne-nous ta grâce en ce monde et dans
l'autre, et daigne nous absoudre de nos péchés pour que
nous soyons préservés des feux de l'enfer !

Le tour de la Caaba accompli sept fois, tous les pèlerins sortent de l'enceinte de la mosquée et se rendent
à une colline voisine appelée Safa. Ils franchissent sept
fois en courant l'espace compris entre cette colline et
celle de Marouah, environ un kilomètre.

La tradition rapporte qu'Agar, mère d'Ismaïl, affolée
de douleur à la vue de son fils mourant, parcourait
elle-même cette distance, suppliant Dieu d'épargner son
fils. C'est en mémoire de cette exaltation douloureuse
que les pèlerins accomplissent cette cérémonie, qui a
reçu le nom de Saï.

Ici se termine le pèlerinage de la Mecque. Ceux qui

se sont engagés à faire le *Hiram-bel-Hadji* quittent l'état pénitentiel et rentrent dans l'état de *hilal*, qui consiste à reprendre les habitudes ordinaires de la vie.

Inutile d'ajouter que la mosquée de la Ville Sainte reste toujours le rendez-vous général aux heures de la prière.

Notre séjour à la Mecque dura peu.

A l'approche des fêtes du *Courban-Baïram*, nous dûmes quitter la Cité du Prophète, emportant, impérissable dans nos cœurs, le souvenir des émotions profondes que nous y avions ressenties.

Ville célèbre entre les plus célèbres villes du monde par ses traditions lointaines, ses monuments religieux, ses souvenirs historiques, par le prestige qui l'entoure depuis cinquante siècles, enfin par l'affluence considérable des pèlerins qui, chaque année, y accourent de tous les points de l'Afrique, de l'Asie et de l'Océanie, elle ne redoute aucune comparaison avec les cités saintes des religions rivales, Rome et Jérusalem.

Elle apparaît au monde entier comme le témoignage irrécusable de la vivacité de la foi musulmane que l'ignorance et l'erreur se plaisent à croire mourante ou anéantie. Elle est l'âme et le cœur de cette grande famille de l'Islam qui, sous l'égide du Prophète, eut tant de gloire dans le passé et dont l'avenir donne tant d'espérances, si elle veut rester unie dans sa foi et fidèle à ses traditions !

CHAPITRE VI.

Le 16 août, après avoir longtemps marché à travers d'étroites vallées, sur une route couverte d'herbes et de sable, et traversé les petits villages de Mouna et de Mouzdallifah, nous arrivâmes à la célèbre montagne d'Arafat.

Voici ce que raconte la tradition :

Chassés du Paradis terrestre, coupables d'avoir mangé du fruit défendu, Adam et Ève, le premier homme et la première femme, errèrent longtemps, séparés l'un de l'autre, l'âme pleine de repentir et de douleur, au souvenir de leur bonheur perdu.

Ils marchèrent à l'aventure — qu'il devait être cuisant ce premier remords! — et, ayant suivi un chemin différent, ils se rencontrèrent au pied du mont Arafat.

Là, ils unirent leurs larmes, relevèrent leur courage et, le cœur plein d'espoir, résolurent de ne pas se laisser abattre par l'infortune.

C'est là, enfin, qu'après leur réconciliation, Ève conçut son premier né.

La montagne où ces faits s'accomplirent prit le nom d'*Arafat*, c'est-à-dire de la « Reconnaissance ».

Tous ceux à qui il est donné de visiter ces lieux augustes sont, d'après les croyances musulmanes, absous de leurs péchés et rendus à leur innocence première. Dieu voulut accorder ce magnifique privilège à la visite

CAMPEMENT SUR LE MONT ARAFAT

de la montagne où l'humanité prit naissance dans le pardon, la douleur et l'amour !

Nous y arrivâmes vers les trois heures de l'après-midi. Les tentes aussitôt se déployèrent, blanches pyramides sur les sables grisâtres, donnant un aspect gracieux et animé à ces vallons ordinairement solitaires.

Le mont Arafat allonge vers le ciel son sommet triangulaire et noir, tandis qu'à l'horizon se dressent les crêtes rocheuses des montagnes lointaines d'un jaune rougeâtre où d'une blancheur éclatante.

Le lendemain, trois heures avant le coucher du soleil, eut lieu la cérémonie traditionnelle.

Aux pèlerins venus de la Mecque s'étaient jointes d'innombrables caravanes venues de tous les points du désert. Nous pouvions être là cinq cent mille fidèles. La foule se tenait debout et recueillie ; en tête se trouvait, autour du Mahmal, S. A. le grand Chérif avec le gouverneur, les imans et les cheikhs. Un de ceux-ci, monté sur un chameau orné de soie d'or, se dirigea vers une partie proéminente de la montagne. Sur une plate-forme, une colonne de marbre indique l'endroit ou se rencontrèrent nos premiers parents.

Tourné vers le peuple, le cheikh invoqua le Très-Haut dans une belle et touchante prière.

Après chaque verset, il agitait une longue étoffe de soie blanche. et tous après lui répétaient ses paroles :

Dieu grand ! Souverain Roi des cieux et de la terre !
Soumis à ta volonté sainte, nous sommes venus sur cette terre sacrée pour obéir à ta Loi et à ton Prophète.

Nous voici pour honorer la mémoire d'Adam et d'Eve, notre premier père et notre première mère.

O Dieu puissant et bon! souviens-toi de ce jour où ils séchèrent leurs larmes et ranimèrent leur courage dans l'espoir de l'amour.

Dieu clément, en souvenir de nos premiers parents, fais qu'en sortant de cette vallée bénie, nous soyons devant Toi aussi purs et aussi justes que le jour où nous sortîmes du sein de notre mère.

Dieu grand! absous ton peuple de ses péchés et de ses crimes, rends-nous notre première innocence!

Nous avons foi dans ta parole et dans tes promesses.

Bénis aussi toutes nos entreprises.

Répands tes faveurs sur nous, comble-nous de tes grâces en ce monde et dans l'autre.

Et quand se lèvera le dernier des jours, Seigneur, préserve ton peuple fidèle des feux dévorants de l'enfer!

Cette scène était vraiment grandiose! Cinq cent mille pèlerins, unis dans une même foi, adressant à Dieu une même prière, debout et les regards levés vers le Ciel! — Et le soleil s'inclinait à l'horizon ; la terre, prête à s'endormir, se revêtait de nuées diaphanes, nos âmes et nos esprits se reportaient alors, pleins d'une émotion profonde, au jour béni où la nature, plus jeune de soixante siècles, éblouissante dans sa beauté première, se présentait à cette heure et dans ces lieux aux regards attendris de nos premiers parents.

Malgré moi, je me rappelais les vers du poète :

Or, ce jour-là, c'était le plus beau qu'eût encore
Versé sur l'univers la radieuse aurore ;
Le même séraphique et saint frémissement
Unissait l'algue à l'onde et l'être à l'élément ;

L'éther plus pur luisait dans les cieux plus sublimes ;
Les souffles abondaient plus puissants sur les cimes ;
Les feuillages avaient de plus doux mouvements,
Et les rayons tombaient, caressants et charmants,
Sur un frais gazon vert, où, débordant d'extase,
Adorant ce grand ciel que la nature embrase,
Heureux d'être, joyeux d'aimer, ivre de voir,
Dans l'ombre au bord d'un lac, vertigineux miroir,
Etaient assis, les pieds effleurés par la lame,
Le premier homme auprès de la première femme ! (1)

Le départ du mont Arafat marque l'instant le plus
périlleux du pèlerinage.

Sous peine de voir le résultat de ce pèlerinage frappé
de nullité, chacun doit, en s'en allant, passer dans l'espace compris entre deux colonnes, distantes l'une de
l'autre d'environ six mètres.

C'est alors un véritable engouffrement. Tous se pré-
cipitent vers cet étroit passage, hommes, femmes,
enfants, avec leurs bagages et leurs chameaux. Il est
de toute impossibilité d'éviter des accidents : une trentaine de personnes furent écrasées; d'autres en très
grand nombre contusionnées; toutes ont beaucoup
souffert.

Pendant que la foule descend lentement la montagne,
le canon jette par intervalles des salves retentissantes,
la musique fait entendre de brillants morceaux et,
comme la nuit est venue, un feu d'artifice lance dans
les airs des gerbes étoilées. C'était vraiment superbe!

Sur la route, chaque pèlerin a soin de ramasser sept
petits cailloux qu'il conserve précieusement jusqu'au
village de Mouzdallifah.

(1) VICTOR HUGO. *Légende des siècles*. Le sacre de la Femme.

La tradition rapporte qu'en cet endroit où une colonne s'élève, Abraham, un jour, aperçut le démon qui venait le tenter. Le vénéré Patriarche jeta alors au séducteur sept cailloux et, au nom du Seigneur, l'adjura de s'éloigner. Le démon obéit à l'homme de Dieu. C'est en souvenir de cette victoire d'Abraham sur l'esprit du mal que le pèlerin lance sept cailloux contre la colonne, en disant : « Satan, au nom de Dieu, fuis loin de nous, comme tu t'es enfui devant notre père Abraham ! »

Nous continuâmes notre route à travers les vallées sablonneuses ; le 18 août, aux premières lueurs du jour, nous arrivâmes à Mouna, où devaient s'accomplir les sacrifices.

CHAPITRE VII.

MOUNA ET LA FÊTE DU COURBAN-BAÏRAM.

Voici la tradition, confirmée par le Coran.

« Seigneur, dit Abraham à Dieu, donne-moi un fils qui compte parmi les justes. Nous lui annonçâmes la naissance d'un fils d'un caractère doux. Lorsqu'il fut parvenu à l'âge de l'adolescence, son père lui dit : « Mon enfant, j'ai rêvé comme si je t'offrais en sacrifice à Dieu. Réfléchis un peu, qu'en penses-tu ? ».

« O mon père ! fais ce que l'on te commande ; s'il plaît à Dieu, tu me verras supporter mon sort avec fermeté ».

Et quand ils se furent résignés tous deux à la volonté de Dieu et qu'Abraham l'eût déjà couché le front contre terre, nous lui criâmes :

VILLE DE MOUNA

Campement des Pèlerins pendant les trois jours des Sacrifices.

« O Abraham ! — Tu as cru à ta vision et voici comment nous récompensons les vertueux ! ».

Certes, c'est une épreuve décisive. (XXXVII, 98. 107).

Quelle était cette épreuve décisive ?

Obéissant aux ordres du ciel, Abraham, soumis aux ordres de Dieu, avait résolu d'immoler de sa propre main son fils Ismaël (1), l'espoir de sa race, l'enfant chéri de son épouse Agar, le père prédestiné d'un grand peuple.

Sacrificateur et victime cheminaient vers Mouna. L'égyptienne Agar, épouse suppliante et mère désolée, suivait son époux et son fils en proie à une douleur mortelle, intercédant par ses prières, par ses larmes, par ses sanglots, en faveur de son Ismaël bien-aimé. Abraham et Ismaël marchèrent longtemps. Ils ne s'arrêtèrent qu'au fond d'une vallée morne et triste, où s'élève aujourd'hui le village de Mouna. Là devait s'accomplir le sanglant sacrifice.

Dieu ne pouvait pas ordonner à un père le meurtre de son fils ; il voulait sonder sa foi et se contenter de sa bonne volonté. En vain le Patriarche frappa la tête chérie d'Ismaël : le fer résista ; mais, en s'écartant, le

(1) Selon les musulmans, ce n'est point Isaac qui devait être offert en sacrifice, c'est Ismaël. Ils apprirent cette version sur les paroles de Mohammed,qui avait coutume de dire que, parmi ses ancêtres, il y en eût deux qui devaient être sacrifiés à Dieu ; l'un, Ismaël, l'autre son père Abdallah. Abd-el-Mottalib, grand-père de Mohammed, demandait à Dieu de lui découvrir l'ancienne source de *Zemzem*, à la Mecque, et de lui donner dix fils, et s'il l'obtenait, il fit vœu d'en offrir un en sacrifice à Dieu. Ses vœux furent exaucés, et l'un de ses dix fils, Abdallah, père de Mohammed,fut racheté par un sacrifice de cent chameaux.De là,selon la Sounah,le prix du sang humain est porté à cent chameaux (Kasimirski).

glaive toucha le rocher, et le rocher plus tendre que le cou d'Ismaël, s'entrouvrit sous le tranchant, laissant une trace que l'on peut voir encore, et, que j'ai vue moi-même. « O mon Dieu! — s'écria le vénéré Patriarche — pourquoi le roc est-il plus sensible que le cou de mon fils? Que me demandez-vous? »

Abraham, alors, entendit une voix qui lui dit :

« Je suis content de toi; j'ai voulu éprouver ton obéissance. J'épargne ton fils; il deviendra le père d'un grand peuple! Vois, un bélier vient derrière toi, immole-le à sa place, et que mon nom soit glorifié! »

Abraham se retourna. Du haut de la montagne, il vit descendre un bélier. L'ayant saisi, il l'immola à la place d'Ismaël. — Agar, où était-elle alors?

Voyant ses supplications se briser devant l'inflexible obéissance du Patriarche, la pauvre mère n'avait pas voulu être témoin du martyre de son enfant, de celui que, par ses larmes et ses prières, elle avait autrefois sauvé de la mort dans les solitudes de la Mecque. Eplorée, elle suivait son époux et son fils. — Arrivée au lieu du sacrifice, pensant que l'heure suprème était arrivée, elle se réfugia dans une grotte voisine, et, succombant à la douleur, tomba évanouie.

La pierre que l'on vénère encore aujourd'hui, porte l'empreinte du corps d'une femme, du corps d'Agar, comme si Dieu, par ce miracle, eût, dans cette douleur, voulu honorer l'indicible douleur d'une mère impuissante à sauver son fils de la mort.

C'est en mémoire du sacrifice d'Abraham que furent instituées les fêtes solennelles du *Courban Baïram* ([1]).

([1]) Courban Baïram, c'est-à-dire « Fête du Sacrifice ».

Entre de hautes montagnes, arides et pierreuses —
elles le sont presque toutes dans ce pays du Hedjaz —
s'élève le petit village de Mouna.

C'est là que le 18 du mois d'août se dressèrent les
tentes innombrables des pèlerins.

Vers les trois heures de l'après-midi, le canon annonça
que la fête du Courban-Baïram avait commencé.

Elle devait durer trois jours et chaque famille musulmane, du Maroc jusqu'à l'Inde, au son retentissant
du canon, s'apprêtait à la célébrer.

Les sacrifices commencent.

Chaque pèlerin doit au moins immoler un mouton,
mais beaucoup, selon leur degré de fortune, en immolent
plusieurs. On en a vu en sacrifier jusqu'à cinquante et
cent.

Plusieurs même, — mais le fait est assez rare — offrent des chameaux en sacrifice.

Ces holocaustes inspirent une profonde tristesse.
Pendant trois jours, on ne peut, à Mouna, faire un pas
sans être témoin de ces exécutions sanglantes ou marcher sur les corps des victimes.

Devant sa tente, le pèlerin, invoquant le souvenir du
grand patriarche Abraham, prend le mouton, le couche,
l'égorge, et, ce sacrifice accompli, le laisse à l'endroit
même de l'immolation.

Lui, il ne prend rien pour sa nourriture. A peine quelques indigents viennent-ils chercher dans ces chairs
palpitantes de quoi subvenir à leur subsistance d'un
jour.

C'est à l'autorité locale qu'il incombe de prendre les

mesures nécessaires pour débarrasser le sol de ces cadavres, dont le nombre, comme on peut facilement le
constater, s'élève au moins à neuf cent mille.

Il est facile d'imaginer quels dangers peut provoquer
un tel état de choses; quelles épidémies peuvent naître
de ces milliers de cadavres en putréfaction et combien
est insuffisant l'ordre récent, émané du gouvernement
turc, d'enfouir ces multitudes de cadavres.

Le 21 août se termina la fête du Courban-Baïram.
Aucune, chez le peuple musulman, n'est célébrée avec
plus de joie et de solennité. Elle est pour lui ce qu'est
la Pâque chez les israélites ou Pâques chez les chrétiens.
Les familles les plus indigentes font, en ces jours sacrés,
des réjouissances de toutes sortes. Tous ceux qui, à cette
époque, ont visité l'Orient, savent que nos villes prennent un air de fête inaccoutumé. Devant les boutiques
des marchands, des quartiers de mouton s'étalent ornés
de feuillage et de fleurs, d'innombrables petites bannières rouges et blanches sont suspendues d'un côté à
l'autre des rues ; le soir, devant les magasins illu-
minés, les hommes, revêtus de leurs plus beaux habits,
fument, chantent et boivent le café, et de temps à autre
la voix formidable du canon se mêle à l'allégresse
publique.

La grande caravane, ayant en tête le Mahmal, se
remit en marche le lendemain, et après quelques jours
de repos à la Mecque, elle se disposa à partir pour
Médine, la Ville Sainte du Prophète, la gardienne de
son tombeau vénéré.

CHAPITRE VIII.

MÉDINE, LE TOMBEAU DU PROPHÈTE ET LE RETOUR.

———

Les voyageurs, qui, dans le but de raconter leurs
excursions, parcourent la France, la Suisse, l'Italie ou
tout au moins une contrée qui ne soit pas le désert, sont
vraiment dignes d'envie ! A chaque pas ils trouvent à
décrire des paysages nouveaux : une montagne, un
cours d'eau, un village, que sais-je ? Mais le moyen,
avec la meilleure volonté du monde, d'aller parler du
désert deux fois dans une conférence, sans s'exposer à
d'ennuyeuses répétitions ?

Telle est pourtant la situation où je me trouve !

Ici des vallées étroites entre deux collines arides ; là,
une plaine immense aux herbes sèches et épineuses ;
plus loin des fraîches oasis, gracieux jardins au milieu
de solitudes pierreuses, et, de temps en temps, autour
d'un puits antique, quelques cabanes carrées et noires,
faites ordinairement de branches d'arbres et de feuillée,
formant un village : ce sont, entre autres, *Ouadi-el-Limoun*
(le pays des citrons), *Barka* (le lac), *Bir-el-Kobat* (le puits
de Kobat), *Sorkah* et *Heqrieh*. Voilà ce que notre interminable caravane, Mahmal en tête, sa longue file de
chameaux cheminant en ruminant d'un air grave, a pu
voir pendant la marche de treize jours qu'a duré le
trajet de la Mecque à Médine.

Ab uno disce omnes ! — Ce que le poète romain disait
des hommes d'un pays fameux, peut, dans une certaine

façon, s'appliquer aux cités du Hedjaz. En connaître une c'est les connaître toutes ; qui a vu Djeddah a vu la Mecque et a visité Médine.

Sous un ciel impitoyablement bleu, entourée d'un mur délabré qui la sépare des solitudes sablonneuses, abritée au nord par le mont Ohorad, Médine, la ville du Prophète, la seconde cité sainte de l'Islam, montre au pèlerin ses maisons carrées et blanches, peu larges, sans cour, généralement à deux étages, ses bazars et ses boutiques avec leur étalage à la manière arabe, ses habitants à la couleur brun foncé, d'apparence chétive, enfin sa superbe et célèbre mosquée, la seule qui s'élève dans son enceinte.

Devant la porte, nommée *Bab-el-Gami*, s'étend, avec, une petite mosquée au centre, l'immense place de *Manakah*.

C'est là que les caravanes s'arrêtent et se réunissent avant d'entrer dans la Ville Illuminée (1). Alors sa surface se couvre de tentes. Spectacle animé ! Ici, sur le feu allumé entre deux pierres, l'humble marmite qui contient le frugal repas de la famille, envoie dans l'air, avec un gai murmure, sa bleuâtre fumée ; là, un pèlerin, à l'ombre de sa tente, raccommode les vêtements usés prématurément par les péripéties du voyage. Voyez-vous ces hommes, l'air recueilli, se lever, s'incliner ou prosterner leur front sur la natte ou le tapis étendu devant eux ? Ils récitent gravement leurs prières, indifférents à tout ce qui remue ou se fait

---

(1) Nous avons vu plus haut que Médine, après la mort du Prophète, reçut le surnom de *Monawarah* ou *l'Illuminée*.

MÉDINE (Vue générale).

autour d'eux. D'autres, en groupes compacts, fument
la cigarette ou le narghileh, conversent entre eux ou
le plus souvent écoutent avec une religieuse attention
quelque vieillard vénérable qui leur parle de Dieu et
du Prophète, tandis qu'à travers les tentes, les *sakkas*
circulent, portant sur leur dos incliné une outre énorme
gonflée d'eau et la distribuent moyennant quelques
piastres. Çà et là enfin, on aperçoit, la tête baissée et
cherchant l'ombre, un cheval qui se tient immobile et
debout, fouettant de sa large queue ses flancs mordus
par les insectes, ou, comme un dôme noirâtre sur le sol
blanc, le chameau accroupi qui rumine avec gravité et
promène lentement autour de lui ses grands yeux noirs
et doux.

Le 8 septembre, la grande caravane, au son de la
musique militaire, ayant le Mahmal en tête, escorté des
soldats égyptiens et turcs, ainsi que des grands dignitaires religieux et civils, se dirigea lentement, à travers
la ville, vers la mosquée du Prophète.

On y pénètre par cinq grandes portes qui ont chacune
un nom particulier. Ce sont :

Bab-el-Salam et Bab-el-Rahma, à l'ouest ; Bab-Gabaïl
et Bab-el-Nissas, à l'est ; Bab-el-Tawassaoual, au nord.

A chaque angle se dresse un minaret, dont la tour
gracieuse est ornée d'arabesques ; un cinquième s'élève
près de la porte El Rahma.

Nous entrâmes par la porte *Bab-el-Salam*, comme
nous l'avions fait à la Mecque.

Devant nous s'ouvre une magnifique galerie, mesurant quatre-vingts mètres de longueur et large de huit

7

mètres. Tout l'intérieur du monument sacré, qui a la
forme d'un trapèze immense, est pavé en marbre et
recouvert de somptueux tapis. Autour des galeries,
également distancées les unes des autres, s'élèvent des
colonnes d'albâtre, avec de gracieuses et riches sculptures. L'aspect général est à la fois grandiose et
élégant. Sur tous les murs sont inscrits en relief de
nombreux versets du Coran, la plupart se rapportant à
la vie du grand apôtre de Dieu. Celui qui naturellement se trouve le plus souvent est la fameuse invocation de tous les croyants : « Il n'y a de Dieu que
Dieu et Mohammed est son Prophète ! ».

Le sultan Abdul-Medjid, d'illustre mémoire, a puis-
samment contribué, dans une époque récente, à embellir
le glorieux sanctuaire.

Au milieu de l'enceinte on aperçoit un petit carré
d'environ dix mètres de côté. C'est là que la tradition
place le jardin de Fatma, la fille bien-aimée du Prophète. C'est un endroit très vénéré ; presque à chaque
heure du jour, on y voit des pèlerins accroupis en
cercle, et écoutant les enseignements d'un cheikh assis
au milieu d'eux.

Voici la prière que récite le mataouif en franchissant
le *Bab-el-Salam*, ou porte du salut :

> Dieu grand et bon, répands tes largesses sur ce pays.
> Qu'il soit grand et vénéré du monde !
> Salut à toi, Prophète de Dieu !
> Salut à toi, l'ami du Très-Haut, type de beauté, la plus
> sainte des créatures !

MÉDINE L'ILLUMINÉE.

C'est toi, ô Prophète, qui pour les hommes pécheurs, dans la
splendeur bienheureuse de ta gloire, intercèdes sans
cesse auprès du Seigneur.
Salut à ton vénéré tombeau, où les croyants viennent chercher la lumière et retremper leur foi !
Devant le Roi des Cieux, prie en faveur de ton peuple, qu'il
prospère dans le cours des siècles.
Et que leurs péchés soient absous au grand jour où les
hommes seront jugés !
Prophète de Dieu, obtiens du souverain Maître des Cieux et
de la terre que nous soyons préservés de l'enfer éternel !

Arrivés devant l'auguste tombeau, à midi précis,
nous y récitâmes la prière ordinaire.

Ce tombeau est entouré d'une grille quadrangulaire
en bronze s'élevant jusqu'au plafond : elle est artiste-
ment travaillée, et chacun de ses côtés mesure une
quinzaine de mètres.

A distance d'un mètre et demi, on aperçoit le tombeau entouré d'une cloison qui s'élève jusqu'au dôme. Il
est recouvert d'un magnifique tapis de couleur verte.
Sur la tête du Prophète est suspendue une riche mon-
ture en or, dans laquelle sont enchâssées des pierres
précieuses de toutes sortes. Les regards sont particulièrement attirés par un superbe diamant de quatre-vingt-
douze carats et par une émeraude octogone d'une
valeur inestimable.

Nous suivîmes la galerie jusqu'au Mambar, qui montre sa coupole élancée, pleine d'ornements d'un travail
exquis. Après celle-ci vient une grande niche, dont
l'extrémité demi-circulaire est ornée de sculptures d'une
admirable beauté.

On s'arrête entre ces deux points et l'on récite une
partie de la prière de midi ; puis on continue à suivre
la galerie jusqu'à la grille où sont pratiquées trois ou-
vertures rondes, assez larges pour pouvoir y passer la
main. Le pèlerin s'arrête à un mètre de distance de la
première qui correspond au tombeau de Mohammed. Là,
les deux mains croisées sur la poitrine, il répète la
salutation dont nous avons donné le texte plus haut.

Un peu à droite se trouve la seconde ouverture : de là
on aperçoit le tombeau d'Aboubèkre, le successeur, le
disciple et l'ami du Prophète; puis à droite encore, la
troisième ouverture correspondant au tombeau d'Omar,
le plus illustre des Kalifes de l'Islam. Et devant ces
deux tombeaux augustes, le pèlerin ne cesse de prier :

O vous, qui avez été les amis de l'ami de Dieu, nous vous
saluons !

Gloire à Dieu, qui a donné à la sainte cause de l'Islam de si
vaillants défenseurs !

Nous vous vénérons, ô saints amis du Prophète ! Puissions-
nous marcher sur vos traces, et avec la grâce du Dieu
tout-puissant, et l'intercession de Mohammed, son apôtre,
obtenir d'être en ce monde comblés de faveurs et être,
au jour du jugement, préservés des châtiments terribles
qui attendent les pécheurs !

Gloire soit au Dieu grand et clément !

Salut à son prophète, son apôtre et son esclave.

Salut à vous !

A l'est du monument sacré se trouvent encore trois
petites fenêtres. Le pèlerin s'arrête devant celle du milieu, à travers laquelle on aperçoit le Tapis Sacré, et
récite la prière aux quatre archanges.

MÉDINE.
Tombeau Sacré du Prophète.

On arrive ensuite à la porte du sanctuaire, appelée
Bab-el-Saïda Fatma : après une inclination profonde, on
fait un demi-tour à droite et on se trouve en face du
Baki ou cimetière. C'est là que le Mataouif récite la
prière des morts :

> Du fond de notre misère et de notre néant, nous élevons
> vers Toi, Seigneur, notre voix suppliante :
> Dieu grand et miséricordieux nous implorons la clémence
> pour ceux qui dorment du sommeil de la paix, en atten-
> dant l'heure de ta justice.
> Oh ! lorsqu'ils paraîtront devant Toi pour être jugés selon
> leurs œuvres, souviens-toi qu'ils furent de ceux qui ont
> marché dans la voie droite, dans la voie de ceux que
> tu as prédestinés.
> Seigneur ! jamais tu n'as rejeté loin de la face divine un cœur
> contrit et humilié.
> Accorde à ton peuple, qui t'en supplie, le bonheur éternel
> que tu promets à tes élus !

Passant ensuite à gauche, c'est-à-dire au nord, où se
trouve le mont Ohoud, le pèlerin salue la tombe de Sidi
Hamza, l'oncle du prophète.

Enfin l'on revient sur son chemin, et après une dernière prière au tombeau du Prophète, on arrive près du
mirhab d'Osman, où finit la cérémonie.

Dors dans ta mémoire glorieuse, o Prophète de Dieu !
Treize siècles ont passé sur ta tombe, emportant les
empires, dispersant les peuples, changeant les mœurs,
les institutions, les lois, réformant les cultes et répan-
dant sur les mondes, autrefois barbares, la science et la
civilisation.

Ton œuvre à toi reste toujours debout, immuable et féconde !

Alors que se transforment, s'éteignent ou meurent les religions, la tienne est toujours la même et montre au monde étonné les trois cents millions d'hommes qui suivent ta bannière, unis dans une seule Foi !

On a pu discuter ta doctrine ; personne, sans mentir, ne l'a injuriée et n'a méconnu sa grandeur !

Homme et apôtre, tu as passé en faisant le bien, protégeant la faiblesse, exaltant la vertu, te faisant tout à tous et combattant pour la plus grande gloire de Dieu !

Ton sépulcre est glorieux et vénéré ! Puisse ton peuple, en venant chercher auprès de toi la voie, la vérité et la vie, y trouver ces vertus qui furent ta force et ta grandeur et accomplir ainsi dans le monde le rôle prédestiné que lui assigna la Providence.

A l'est de la mosquée est situé un cimetière célèbre, le Baki. C'est là que s'élèvent, vénérés de tous les pèlerins, les tombeaux de la famille du Prophète et ceux de ses principaux disciples.

Ce cimetière est un immense parallélogramme entouré d'un mur et mesurant plus de deux cents mètres de côté. Derrière cette muraille, toujours du côté de l'orient, les regards se reposent avec un charme indicible sur une plaine d'une fraîcheur et d'une verdure éclatantes. Çà et là, des palmiers aux feuilles d'un vert plus sombre forment des bosquets enchanteurs. La vie anime ce ravissant tableau : les troupeaux de blancs moutons, les chevaux à l'allure légère, les chameaux énormes, errent dans ces abondants pâturages.

Des cours d'eau nombreux sillonnent en tous sens
cette prairie,et,tandis que d'innombrables petits oiseaux
voltigent d'un arbre à l'autre, des oiseaux à la vaste
envergure, décrivent dans le ciel bleu des courbes
gigantesques.

Là-bas, au nord, lançant son dôme grisâtre dans les
airs, se montre le mont Ahorad, au pied duquel est
enseveli Sidi-Hamza, l'oncle du Prophète. Ce tombeau
est très fréquenté. La route est très belle et s'étend entre
deux rangées d'arbres. Le jeudi, à l'heure où l'ardeur
du soleil s'apaise, les habitants de la ville sainte ont
coutume de venir y vénérer les restes de l'homme à qui
Mohammed porta tant de respect et d'affection ; cette
visite au mont Ahorad est ce que je pourrais appeler la
Promenade de Médine.

Les Médinois sont, pour la plupart, comme je l'ai déjà
dit, d'apparence chétive; semblables aux habitants
de Djeddah, ils ont le teint d'un brun foncé, les dents
très blanches et les yeux d'un noir ardent. Généralement, leur principal métier est de servir de guide aux
pèlerins,c'est-à-dire d'exercer la profession de mataouifs.

Là encore, la grande quantité de peuples divers qui,
depuis des siècles, affluent chaque année dans ces
régions, a considérablement altéré la pureté de la race
primitive. Actuellement, la plupart sont d'origine
indoue. Leurs costumes, leurs aliments, leurs mœurs
ne diffèrent pas sensiblement de ceux dont j'ai parlé
au cours de ce récit.

Le pays, est aussi riche que la Mecque, et produit
en abondance des dattes très renommées, des oranges

aigres (limons), des citrons délicieux, des oignons et des légumes.

L'eau de la belle fontaine Aïn-el-Zarka arrive en abondance à Médine et dans les jardins, coulant à travers un canal que fit construire Abdel-Malek, fils de Marvan, cinquième kalife des Ommiades.

N'oublions pas de dire qu'à Médine, la vie est d'une cherté excessive, surtout à l'époque du pèlerinage, et que pour les nombreux indigents, incapables de supporter ces sacrifices pécuniaires, on voit une grande quantité d'asiles, ou *tekiehs*, pour leur procurer des aliments pendant leur séjour.

La *tekieh* égyptienne que l'on y voit, ressemble presque en tous points à celle de la Mecque, dont nous avons donné la description. Un gouvernement s'honore en ne reculant pas devant une dépense considérable pour offrir ainsi des secours à ses nationaux qui viennent, au prix de mille dangers, accomplir le plus important précepte de leur foi !

Le pèlerinage terminé, tout le monde songea au retour.

Nous laisserons à Médine le Mahmal, qui ne devait partir que plus tard, et nous suivrons la grande majorité des caravanes qui, partant de la ville du Prophète, se rendent à Yambo, et, de là, dans leurs foyers.

Je n'entreprendrai pas la description de notre nouveau voyage. Le spectacle qu'offre le désert est toujours grandiose, c'est vrai, mais il manque de variété. Le trajet de Médine à la mer est de deux cent quarante kilomètres ; malgré l'aspect généralement uniforme des

S. E. CHAWKAT Pacha,
Cheikh de la Mosquée de Médine.

lieux que nos caravanes traversèrent, je m'empresse de
dire que nous y avons remarqué plusieurs sites qui ne
manquaient ni de grandeur, ni de grâce ou de beauté.

C'est ainsi qu'après avoir dépassé les fameux tombeaux d'El Chohada, si célèbres dans l'histoire du Prophète, et traversé tantôt des vallées verdoyantes, tantôt
des plaines sablonneuses, nous arrivâmes au célèbre
défilé de Hodaïdah, qui se déroule entre deux élévations
de trois cents à six cents mètres et dont les pentes sont
recouvertes de champs de blé et de maïs, et où l'on
aperçoit de beaux palmiers, dont les dattes jouissent
d'une légitime réputation.

Bientôt, entourée d'une brillante ceinture de jardins,
où se marient agréablement la verdure, les fleurs et
les arbres, apparaît la petite ville de Hodaïdah, que
semblent protéger à l'orient le fort et la mosquée de
Gami-Abdul-Rehim-el-Boraï. C'est un pays très fertile,
et le bazar de la ville est renommé au loin dans les
déserts. On y vend surtout de la gomme, des légumes
de toute sorte, des dattes et des éventails.

Notre marche continua à travers un défilé de deux
kilomètres de longueur, mais dont la largeur moyenne
ne dépasse pas cinquante mètres. Ce passage entre des
montagnes de trois cents mètres environ est assez dangereux, mais aussi quel dédommagement lorsque tout
à coup nous vîmes s'étendre devant nous une plaine
immense, verte comme une prairie de Touraine, avec
des milliers de palmiers et une infinité de petits ruis-
seaux qui couraient en miroitant dans l'émeraude des
gerbes ? Comme nous fûmes heureux de pouvoir nous y

reposer et respirer un air pur et embaumé comme celui
du ciel de la Provence !

Nous dûmes nous arracher à ce séjour enchanteur, et
l'interminable caravane se trouva bientôt devant le
fort de Kalat-el-Hamra, entouré de nombreuses petites
cabanes, défendu par d'énormes canons et où réside une
garnison turque.

Encore un défilé ! C'est celui de Nahr-el-Far : le chemin devient pénible et pierreux ; de temps en temps
nous rencontrons de larges espaces couverts de *Homghi-
lanes*, arbres rabougris et épineux. Enfin, après une
marche de quatre jours, l'œil perçant d'un compagnon
de voyage nous signale Yambo-el-Nakl... Nous ne sommes plus qu'à trente-huit kilomètres de la mer !

Cette petite ville est entourée de montagnes assez
élevées ; ses habitations sont assez pauvres, mais les
terrains y sont bien cultivés. Là aussi nous apercevons
de nombreuses fontaines, des prairies verdoyantes, et
beaucoup d'entre nous y achètent des légumes ou des
chapelets de dattes sèches, qui sont le produit le plus
remarquable de ces contrées. Chose assez curieuse ! les
palmiers y sont tellement enfouis sous les sables que
bien souvent les branches sont à la portée de la main.

Quelques temps après avoir quitté Yambo-Nakl, nous
aperçûmes la mer Rouge, dont les eaux étincelaient sous
les rayons du soleil levant. Nous ressentîmes à cette
vue un peu de cette joie qu'éprouvèrent jadis les soldats de Xénophon devant la Méditerranée. Et cela se
comprend sans peine : la mer, c'était pour nous le terme
du voyage, c'était aussi l'espoir de revoir bientôt notre
pays et ceux que nous y avions laissés !

Une vingtaine de bateaux à vapeur de diverses nations et des *sambouks* de toute grandeur attendaient, depuis plusieurs jours, les pèlerins dans le port de Yambo. J'ai décrit ailleurs les embarquements de ce genre : je m'en tiendrai là. Chaque jour des caravanes arrivent, chaque jour un bateau quitte le port. Que de joie ! que de cris et que d'animation ! Ce sont des saluts, des zagroutas, des «au revoir» sans fin ! L'allégresse est sur tous les fronts ; qui s'en étonnerait ? Pour le pèlerin, comme pour tous les hommes, quitter son pays peut avoir quelquefois des charmes : mais y revenir en a toujours de bien plus beaux !

Revenons au Mahmal que nous avons laissé à Médine.

Vers la fin du mois de septembre, le Mahmal, avec son escorte habituelle et un nombreux cortège de pèlerins, reprit le chemin de l'Egypte. Il s'achemina à travers les déserts vers le petit port d'El Ouidj, situé au nord ouest de la Ville Sainte et au sud de la presqu'île du Sinaï. Ce trajet, dont la durée est de beaucoup supérieure à celle du voyage de Yambo, s'effectue en une douzaine de jours, ce qui explique que nombre de caravanes reviennent par Yambo. La route suivie par le Mahmal n'offre que le spectacle triste d'un voyage à travers le désert.

Entre Médine et El Ouidj, le pèlerin est heureux de rencontrer les villages de *Abiar-el-Ouah* (le puits d'eau douce) et de *El Macharah*, où il trouve à la fois un air pur, un site enchanteur et une nourriture saine et abondante : mais, en général, le chemin est pierreux et difficile ; on peut même ajouter que la présence des

nombreux et terribles bédouins qui le fréquentent le
rend des plus dangereux.

Un bateau à vapeur de l'Administration des Paquebots
Postes Khédivieh se rendit à El Ouidj pour recevoir le
Mahmal et ceux qui l'accompagnaient. Deux jours
après, la Sainte Relique arrivait à Suez, où lui fut faite
la même réception que celle dont nous avons déjà parlé.

De Suez, il partit immédiatement pour le Caire,
recevant sur tout le parcours les honneurs habituels et
les témoignages de vénération de tous les habitants des
villages avoisinant la voie ferrée.

Le train s'arrêta à la gare de l'Abbassieh, station qui
fut aussi le point de départ de notre voyage. — Si le
départ fut bruyant, je laisse à penser ce que devait
être l'arrivée. Que d'amis, de parents attendaient depuis
deux heures, ceux qui leur revenaient après deux mois
d'absence ! que de saluts échangés ! que d'étreintes
cordiales ! que de félicitations surtout ! et le mot
« Hadji » qui est le titre honorifique de ceux qui ont
accompli le pèlerinage, retentissait sur toutes les
bouches à travers cette foule animée, où se pressait,
dans leurs plus beaux costumes aux voyantes couleurs,
la foule énorme des hommes, des femmes et des enfants.

Un des hauts fonctionnaires de l'État annonce aussitôt à Son Altesse le Khédive et aux autorités de la
capitale le retour du Tapis Sacré, et l'on fixe le jour où
il devra faire son entrée triomphale dans l'enceinte du
Caire.

La fête a généralement lieu deux ou trois jours après.

— Elle est en tout semblable à celle du départ.

Tandis que des soldats de toute arme, qui se sont rendus, musique en tête, au devant du Mahmal, l'accompagnent à travers les rues de l'antique cité, suivis et précédés de toutes les corporations religieuses avec leurs bannières, S. A. le Khédive, entouré des princes et des grands dignitaires de l'Etat, quitte le palais pour aller l'attendre auprès de la citadelle, sur la place « Mastabet-El-Manchiah ».

Le Souverain et son cortège attendent le Tapis Sacré dans un magnifique pavillon qui leur a été préparé et où flottent de nombreux drapeaux aux couleurs nationales.

Cependant, par intervalles, le canon domine de sa voix puissante les bruits joyeux de la cité en fête.

Arrivé sur la place, accompagné d'une foule immense qui pousse des cris de joie répétés, le Mahmal en fait trois fois le tour, puis s'avance devant Son Altesse, à qui le gouverneur du pèlerinage présente à baiser le cordon sacré, que baisent ensuite les ministres, le grand cadi et les hauts fonctionnaires du Gouvernement.

Ainsi finit cette fête superbe, où la voix tonnante du canon se mêle aux accords des hymnes militaires.

Tandis que Son Altesse regagne Son palais, le Mahmal se dirige vers le Ministère des Finances (El-Rouznama), où un emplacement spécial (khazina) lui est réservé. C'est là que l'on viendra le reprendre à l'époque du prochain pèlerinage.

Docteur SALEH SOUBHY

Je ne fermerai pas ce livre sans avoir acquitté la dette de reconnaissance que tous, pèlerins de 1888 et 1891, nous avons contractée envers ceux qui nous ont suivis de leur haute sollicitude à travers les diverses phases de ce magnifique pèlerinage.

Si, pendant le temps qu'il a duré, il a été, sous tous les rapports, mais spécialement au point de vue sanitaire, l'un des plus satisfaisants, personne ne saurait oublier à qui nous sommes redevables de ces bienfaits.

Après Dieu, dont la Toute-Puissance nous a si visiblement protégés, nous devons adresser l'hommage de notre gratitude respectueuse d'abord à Son Altesse Abbas II, notre très auguste et sympathique Khédive, qui met sa gloire et consacre sa vie à faire le bonheur de son peuple, à S. A. le prince Mohamed Aly bey, enfin à toutes les autorités ottomanes et égyptiennes, qui nous ont constamment prêté un si dévoué et si puissant concours !

Pour moi, heureux et confus des nombreux témoignages d'intérêt que j'ai reçus au début de ma carrière, ma fierté et mon bonheur seront toujours de consacrer, dans l'humble mesure de mes forces, tout ce que j'ai de dévouement et de vie au service de mon auguste Souverain et de ma patrie bien-aimée.

Dr SALEH SOUBHY,

Ex-interne des hôpitaux de France,
Lauréat de la Faculté de Paris,
Inspecteur sanitaire de la ville du Caire.

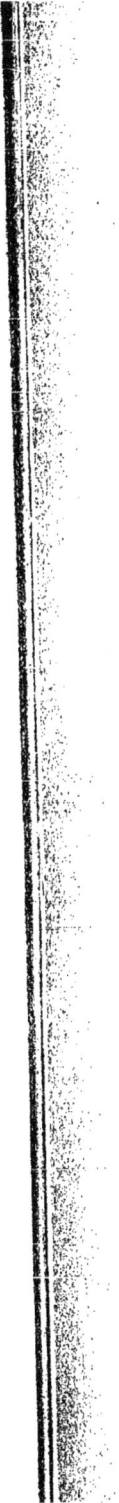

APPENDICE I.

CONSIDÉRATIONS GÉNÉRALES

Précautions et mesures d'hygiène qu'il serait utile de pren-
dre. — La crémation des victimes. — Modification de
l'itinéraire du Mahmal.

Si, en écrivant cet ouvrage, je n'avais eu que l'intention de
raconter les divers incidents d'un pèlerinage aux Lieux Saints
de l'Islam, ma tâche serait maintenant terminée.

Mais à ce récit, que je me suis efforcé de rendre le plus intéressant possible, je me suis proposé de joindre, pour le soumettre à ceux qu'il peut concerner ou intéresser, le résultat de
mes nombreuses observations et indiquer quelques mesures à
prendre dans un but d'utilité générale. *Omne tulit punctum*
qui miscuit utile dulci. (¹)

Je prie le lecteur de se rappeler auparavant à quelles fatigues,
à quelles privations s'expose celui qui entreprend le pèlerinage
de la Mecque, même si ses ressources pécuniaires lui permettent
de s'accorder toutes les facilités de transport.

Il est absolument impossible de faire ce voyage en moins
de cinquante-cinq jours, et je ne parle ici, bien entendu, que de
ceux qui ont pris la voie la plus directe : le chemin de fer, le
bateau à vapeur et enfin les chameaux pour parcourir les déserts
du Hedjaz.

Traversée pénible, marches forcés à travers les sables, chaleur étouffante du jour, humidité des nuits, vie en plein air, eau

----

(1) Celui-là remporte tous les suffrages, qui sait mêler l'utile à l'agréable (HORACE : *Art*
poétique.)

malsaine, aliments détestables, voilà ce qui attend le pèlerin dans ce voyage de deux mois !

En prenant certaines précautions, on pourrait arriver à diminuer sensiblement tant de souffrances et de fatigues.

I.

Je commence d'abord par exprimer le vif désir de voir promulguer dans notre pays une loi dont voici à peu près les termes : *Chaque pèlerin devra fournir, avant son départ, la preuve qu'il possède les ressources nécessaires au voyage (aller et retour) et à son entretien.* Ai-je besoin de m'étendre sur la nécessité de prendre une telle décision ? Quels avantages n'apporterait-elle pas !

Avec une insouciance inouïe, bon nombre de pèlerins se sont engagés, sans ressources aucunes, pour le long voyage de la Mecque. J'en ai vu qui ne possédaient pas la plus minime pièce de monnaie. Deux autres sont morts de soif dans les déserts d'Arafat, n'ayant pas la modique somme nécessaire pour acheter un peu d'eau, et le bédouin étant assez dénué de cœur pour ne pas la lui donner gratuitement. Une grande quantité de pèlerins n'ont, pendant ces deux mois, pour toute nourriture que les restes d'un misérable repas ou le pain de l'aumône.

Naturellement, plus le terme du pèlerinage approche, plus la misère se fait sentir. Aussi quel lamentable spectacle n'avons nous pas eu à Yambo et à Djeddah cette année !

Des centaines de pèlerins, la plupart égyptiens, attendaient dans ces ports l'arrivée d'un bateau pour y trouver un passage gratuit ; hélas ! ils ne possédaient plus de quoi acquérir un morceau de pain ou le peu d'eau nécessaires à leur existence ; ils n'avaient plus d'espérance dans l'aumône, car tous les autres pèlerins étaient partis. Il était navrant d'être le témoin de tant de souffrance et de voir ces victimes de la plus cruelle indigence, une femme avec quatre petits enfants, six aveugles et une vingtaine de vieillards, hommes ou femmes, de plus de soixante dix ans !

Quel cœur resterait insensible devant un semblable dénûment ?
Secondé par un noble cœur, M. Madrus bey, dont j'ai déjà parlé,
j'ai pu leur fournir le pain et l'eau nécessaire jusqu'au jour où
ils se sont embarqués soit sur les bateaux à vapeur, soit dans les
sambouks ou bateaux à voiles. Eh bien, quel remède à un tel
état de choses ? — Je crois l'avoir trouvé.

Que le gouvernement égyptien, qui chaque année, pour
favoriser le pèlerinage, dépense des sommes considérables,
accorde ces secours à un moins grand nombre de personnes,
mais avec plus de libéralité. En un mot qu'il donne à l'indigent
une somme assez forte pour qu'il puisse subvenir aux frais de
son entretien pendant deux mois,et aussi à ceux de la traversée.
Qu'il promulgue la loi dont je parle plus haut et il aura rendu
un service immense à tant de pauvres gens qui s'aventurent
dans un pénible voyage, obéissant à une naïve et imprudente
dévotion. Car il ne faut pas se le dissimuler, si le désert pouvait
parler il dirait, à notre grand effroi, de combien de ces infor-
tunés il a gardé les os dans son jaune linceul !

II.

Pour des raisons que personne ne saurait méconnaître,
aucune des personnes suivantes ne devrait faire partie du
pèlerinage, à moins d'être munie d'une *permission spéciale*
de l'autorité compétente :

1° Les enfants au-dessous de dix ans ;
2° Les femmes dans un état avancé de grossesse ;
3° Les aveugles ;
4° Les vieillards faibles et impotents;
5° Les personnes qui n'ont pas un certificat de vaccine datant
de moins de trois années.

III.

J'ai eu très souvent l'occasion de constater que les pèlerins
s'imposaient des privations et des fatigues qu'un peu d'expérience
ou quelques conseils leur auraient épargnées. Ne serait-il pas

très utile deremettre à chacun d'eux, quelque temps avant le départ, un *imprimé* où seraient indiquées les principales précautions hygiéniques à prendre durant le pèlerinage, par exemple :

1° Pour la nature des provisions à emporter ;

2° Pour avoir une eau plus saine, employer un filtre portatif, préférer les barils en bois aux autres, qui, après un court service, rendent l'eau nauséabonde et insalubre ;

3° Pour les vêtements ;

4° Pour l'achat de quelques objets de voyage : parasols, couverture, etc., etc.;

5° Pour l'acquisition de divers médicaments, s'ils venaient à être surpris par la maladie loin des villes ou des pharmacies portatives du pèlerinage.

IV.

Il est à regretter, à propos de pharmacies, que la Mecque, Mouna et Yambo en soient complètement dépourvues. Dans ces villes, ou des milliers de pèlerins séjournent pendant un laps de temps assez considérable, il peut, à chaque instant, se produire des accidents, des indispositions ou même des maladies plus graves. Ces appréhensions ne peuvent que s'augmenter si l'on songe à l'insalubrité de ces climats, où, selon les lieux, se propagent si facilement les fièvres, les diarrhées, les ophtalmies purulentes et les abcès occasionnés par le *filet de Médine*. Il est à espérer que ces villes ne tarderont pas à être dotées d'une pharmacie.

V.

Les pèlerins, en s'embarquant, emportent avec eux — et cela se conçoit facilement — une quantité considérable d'objets et de provisions de voyage. Ces objets, ils les entassent autour d'eux sur tous les lieux disponibles du bateau. Ne devrait-on pas tenir compte de ce nombreux supplément de bagages? En recevant sur chaque bateau le nombre de passagers fixé par la patente, ne les expose-t-on pas à des incommodités continuelles, et si l'on

considère que pendant cinq jours ils sont accroupis et immobi-
les, soit sur les ponts, soit à fond de cale, avec une tempéiature
aussi élevée que dans la zone torride, au milieu de mille émanations délétères, est-il difficile de croire qu'ils sont prédisposés à
contracter des maladies de toute sorte ; et qu'arrivera-t-il si,
comme je l'ai vu souvent, le nombre des pèlerins dépasse de
beaucoup celui que fixe la patente ? C'est ici une question d'humanité et de justice : c'est avec confiance que je l'adresse à qui
de droit.

Je me hâte d'ajouter que contrairement à tous les règlements
quarantenaires, la plupart des bateaux sont dépourvus d'un
médecin et d'une pharmacie. C'est une grave lacune qui demande
à être comblée sans retard. Qu'arriverait-il si, au milieu de cette
foule compacte et surmenée par les fatigues de la traversée, une
maladie contagieuse venait à se produire et quelle ne serait pas
alors la responsabilité du capitaine ou de l'Administration qui
aurait ainsi violé les lois sanitaires ? Et puis, enfin, les accidents
de tout genre ne sont pas rares ! J'ai vu, à Yambo, un pauvre
algérien qui s'apprêtait à faire la traversée sur un navire portant
le pavillon d'Italie, avoir la main droite broyée dans un engre-
nage. Aucun docteur n'était à bord, et ce n'est que quatre heures
après l'accident que j'ai pu donner à cet infortuné les soins que
son état réclamait !

VI.

Il conviendrait, pour l'avenir, d'attirer particulièrement l'attention de la police ottomane sur les agissements des bateliers
des ports de Djeddah et de Yambo.

Au moment de s'embarquer, les pèlerins, pour se rendre à
leur bateau respectif, prennent place sur une barque ou *sambouk*.
Le prix fixé par l'autorité est de deux piastres, c'est-à-dire cinquante centimes. Mais durant le trajet, ces bateliers ne recu-
lent devant aucune vexation pour imposer une surtaxe aux
pauvres passagers, et il n'est pas du tout rare de voir un
sambouk chargé de quarante ou cinquante pèlerins s'arrêter

ou errer dans les eaux du port, jusqu'à ce que ceux-ci, de guerre lasse, entassés et exposés aux rayons ardents du soleil, aient consenti à donner à leurs bateliers un *bakchiche* ou pourboire plus ou moins élevé.

Tolérer un pareil état de choses, c'est non-seulement exposer les pèlerins à une insolation dangereuse, mais encore les livrer aux exigences brutales et arbitraires de gens sans conscience et d'une insatiable avidité,

VII.

J'arrive à une question qu'il n'est guère séduisant de traiter à fond.

Boileau disait jadis que le latin seul bravait l'honnèteté dans les mots, tandis que :

> Le lecteur français veut être respecté.

Je ne dis pas le contraire ! mais il s'agit ici de la santé publique, peut-être d'arrêter des causes d'épidémies, et, passant sur toute fausse honte, je parlerai de la singulière et dangereuse manière de faire les vidanges à Djeddah et à Yambo.

Je commence par noter que cette opération a lieu au moment où les pèlerins arrivent en masse dans ces villes, et je déclare d'avance qu'on y est loin d'employer les systèmes inodores et perfectionnés en usage dans les grandes villes de l'Europe.

La fosse d'aisances est située derrière la maison, c'est-à-dire dans la rue. Ce sont ordinairement deux nègres qui sont chargés de la vidange.

A côté de la fosse pleine, ils en creusent une autre de dimensions égales, et, munis d'un seau, plongés à mi-corps dans la matière, ils transvasent le contenu de l'une dans l'autre.

Je laisse à penser à tous ceux qui ont la moindre notion de l'odorat, comme cette opération, qui dure une demi-journée, doit être agréable pour les voisins ! J'ajoute qu'il n'y a pas qu'une maison dans la ville, et que toutes les vidanges se font presque en même temps !

S'il n'y avait que le nerf olfactif qui ait à en souffrir, on pourrait se dire : Patience ! la brise des mers emportera sur ses ailes ces effluves gênantes, mais il y a des inconvénients plus graves : ces matières s'en vont lentement, mais sûrement retrouver l'eau des citernes voisines, à travers la terre sablonneuse propre à ce pays, et les milliers de pèlerins la boivent ! et en la buvant ils pourront contracter des indispositions sérieuses ou emporter, dans leurs diverses patries, les germes de maladies terribles !

Le désert est tout près ; pour le trouver, il n'y a qu'à sortir de la ville. Serait-il donc difficile ou trop pénible d'y transporter les vidanges ?

VIII.

Pourquoi la ville de Yambo n'a-t-elle pas de télégraphe ? Il serait pourtant de toute nécessité qu'il ait une communication télégraphique avec l'Egypte, *via* Djeddah et Souakim. Ce qui est arrivé dans le passé peut encore avoir lieu dans l'avenir. *Ab actu ad posse valet consecutis*, disent les philosophes dans leur mauvais latin. Invoquons simplement l'hypothèse — peu probable, je le souhaite et je l'espère ! — qu'une grave épidémie éclate subitement.

Yambo est le *port de départ*, comme Djeddah est le port d'arrivée. De là les pèlerins se rendent directement dans leur patrie. Les communications postales ne sont ni faciles, ni régulières. Par voie de terre, ce port est séparé de Médine par cinq journées de chameaux ; de la Mecque par une vingtaine. Par voie de mer, cent quatre-vingt-dix milles le séparent de Djeddah. Or, pour parcourir cette distance, il faut ou un bateau à vapeur dont le départ est incertain et irrégulier (souvent il n'y en a pas !) ou un bateau à voiles (sambouk) qui emploiera, selon les vents plus ou moins favorables, une ou plusieurs semaines.

Qu'arriverait-il donc, je le demande, si un cas alarmant de maladie venait à être découvert dans ce port ? Comment ceux qui ont charge de surveiller la santé publique pourront-ils prévenir à temps l'Administration et demander ses ordres ?

Pendant mon séjour à Yambo — et je l'ai vivement regretté —
j'ai été, pendant des semaines entières, dans l'impossibilité
absolue de correspondre soit avec Djeddah, soit avec l'Egypte.

IX.

A la Mecque, j'ai cru devoir, dans l'intérêt général, présenter
un rapport à S. E. le Commissaire ottoman et à MM. les délégués afin d'obtenir la calcination des corps des moutons sacrifiés
à Mounah au lieu de leur enfouissement. J'ai appuyé ma thèse
sur des motifs qui, je le crois, recevront l'approbation des
gouvernements ottoman et khédivial et de l'Administration quarantenaire.

Ce rapport, j'ai eu l'honneur de l'adresser au Président du
Conseil sanitaire, maritime et quarantenaire d'Egypte, à la date
du 18 septembre, afin que, par son intermédiaire, il fut soumis
à M. le Président de l'Administration quarantenaire de Constantinople, qui m'a vivement témoigné le désir de le présenter
et de l'appuyer lui-même au sein de ce Conseil.

Si pourtant l'on estimait que le moment n'est pas encore venu
d'opérer cette réforme, je proposerai provisoirement de vouloir
bien ordonner qu'à l'avenir, les sacrifices aient lieu seulement
le dernier jour des fêtes, deux heures avant le départ, puisque le
Coran le permet.

Je propose enfin au Gouvernement et à l'Administration de
modifier l'itinéraire du « Mahmal » à son retour en Egypte, et
de fixer le port de départ non à El Ouidji, mais à Yambo.

Médine, la dernière station sainte, n'est séparée de Yambo
que par une distance de *quatre* journées de chameau, tandis
qu'il en faut une *douzaine* pour se rendre à El Ouidji.

Tout le monde peut donc facilement apprécier quelle économie
de temps, de fatigues et même d'argent, cette modification appor-
terait à nos pèlerins et à nos soldats. Sans parler des inconvénients
qui peuvent résulter de l'ardeur du soleil, du manque d'eau
salubre, de cette marche prolongée à travers le désert des atta-
ques de la part des bédouins, j'ajoute que la route de Médine à

Yambo est de beaucoup meilleure que celle que l'on suit actuellement, surtout dans le cas ou le gouvernement de Sa Majesté ferait le chemin de fer entre Djeddah et la Mecque et Médine, et enfin Médine et Yambo.

Je suis vraiment surpris d'avoir à présenter une proposition semblable. Tous ceux qui ont la moindre connaissance du Hedjaz n'ont jamais pu concevoir qu'il était préférable, pour suivre une tradition sans autorité, d'imposer aux soldats et aux pèlerins un long et pénible voyage, avec un surplus de privations et de dépenses, alors qu'il est si facile d'agir autrement.

Voilà le résultat des principales remarques qu'il m'a été donné de faire. Bien des lacunes subsisteront probablement encore : avec le temps il sera facile de les combler.

Je suis bien heureux de le constater : cette année a été, sous tous les rapports, mais spécialement au point de vue sanitaire, l'une des plus satisfaisantes. Après Dieu, dont la Toute-Puissance nous a si visiblement protégés, nous devons ce bonheur à S. A. le Khédive.

Des difficultés — inhérentes à tous les débuts — n'ont pas manqué à mon peu d'expérience. J'ai fait mes efforts pour les surmonter et surtout pour en profiter à l'avenir : mais à défaut de cette expérience, que le temps seul peut donner, il y a deux choses qui — je puis me rendre ce témoignage — ne m'ont jamais fait défaut : la bonne volonté et le désir ardent d'être utile à l'humanité souffrante et à ma Patrie, et de mériter ainsi l'estime de ceux qui m'ont confié cette importante mission.

Des mesures d'hygiène sont à prendre à l'avenir pour diminuer la perte considérable des pèlerins qui arrivent, dans les années où l'épidémie éclate, et où la mortalité atteint quelquefois 20,000, chiffre qui est très élevé. Si, par malheur, cet état de choses continue, la race musulmane finira par disparaître dans peu de siècle.

Du reste, Dieu a dit dans son livre saint :

Wala talkou biaïadikom ila el taholha, c'est-à-dire : « Il ne faut pas vous jeter dans le mal quand vous le voyez », et son Prophète a dit : *El Balad el Maougoud flha waba la tadkhoulou flha ouala takhrogou menha*, c'est-à-dire : « Il faut éviter d'entrer dans un pays contaminé par une épidémie quelconque pour respecter la volonté divine et ne pas en sortir pour ne pas faire voir que vous fuyez la volonté de Dieu. »

Ce qui veut dire que dans l'année où il y a des pèlerins du sud (Indiens, Gava, Javanais, etc., etc.), où le choléra existe à l'état endémique, il faut empêcher leur contact avec les pèlerins venant du nord (Turcs, Syriens, Egyptiens, Marocains, Algériens, etc...), où le choléra ne peut qu'être importé pendant l'époque du pèlerinage.

Il serait donc à désirer que le pèlerinage pendant les années portant un chiffre impair (1893-1895-1897-1899) soit exclusivement réservé par exemple aux habitants des pays du sud, tandis que les habitants les pays du nord effectueraient leur pèlerinage pendant les années portant un chiffre pair (1894-1896, etc).

En exécutant ces mesures d'hygiène, nous aurons obéi aux paroles de Dieu et de son Prophète sans aucuns frais et nous aurons sauvegardé des milliers de personnes, dans le monde entier.

RAPPORT adressé le 23 août 1893 par le Dr Saleh Soubhy au Conseil sanitaire, maritime et quarantenaire d'Egypte, et qui a été lu en présence des délégués et du corps médical à la Mecque.

MONSIEUR LE PRÉSIDENT,

MESSIEURS LES DÉLÉGUÉS.

Appelé par le Conseil sanitaire, maritime et quarantenaire d'Alexandrie à venir partager vos travaux, je m'honore de ce haut témoignage de confiance, puisqu'il me procure le bonheur d'avoir entrepris ce saint pèlerinage et de nouer des relations amicales et scientifiques avec d'éminents collègues, dont la réputation s'est répandue jusque dans notre pays.

Laissez-moi d'abord vous remercier, Messieurs, d'avoir bien voulu répondre à mon appel. Unis dans une même profession, partageant le même culte, collègues et non rivaux, nous devons, par des efforts communs, chercher à empêcher toute maladie de se propager et améliorer les conditions de bien-être de ceux auprès desquels nous sommes envoyés.

Je crois obéir au plus impérieux de ces devoirs en venant soumettre à votre attention le projet de désinfecter l'air et l'eau du village de Mounah au moyen de la *calcination des moutons voués au sacrifice*.

J'espère pouvoir vous démontrer, Messieurs, que cette mesure serait une protection et un encouragement pour les pèlerins si nombreux qui accourent, chaque année, aux augustes cérémonies du *Courban-Baïram*, une sauvegarde contre des épidémies probables et un bienfait pour les habitants mêmes du pays.

Veuillez considérer, Messieurs, que les pèlerins qui, de toutes parts, affluent dans ces régions en ces jours solennels : Turcs, Egyptiens, Arabes, Algériens, Persans, Indiens, Syriens, etc... se sont, malgré leur état de pauvreté extrême (je parle de la généralité) imposés des fatigues et des privations sans nombre, pour venir au milieu de ces climats, de leurs patries lointaines. Sous un ciel brûlant, ils sont arrivés, demi-nus, dans cette contrée sainte. Est-il juste qu'ils y rencontrent, pour prix de leur piété et de leurs sacrifices, de nouvelles tribulations physiques, la maladie et peut-être la mort ?

C'est pourtant ce à quoi les expose d'une manière indubitable le procédé actuel de l'enfouissement des moutons sacrifiés.

Deux cent mille d'entre eux sont venus à la Mecque et de là à Mounah.

Je fais appel à vos souvenirs ! Vous avez vu, au fond d'une vallée basse et étroite, de tous côtés entourée par des montagnes à pic de plus de 1,200 mètres de hauteur, aux alentours d'un petit village, se réunir près de 200,000 pèlerins avec leurs chameaux et une quantité innombrable de moutons. Ces montagnes rocailleuses renvoient pendant le jour les rayons ardents du soleil au fond de la vallée et augmentent considérablement la température déjà si élevée. — La nuit, la partie calorique absorbée rayonne de ces rochers et entretient, au même degré, la chaleur du jour. Et maintenant, comment l'air enfermé dans ces gigantesques murailles pourra-t-il suffire à tant de vies ? Comment pourra-t-il surtout se renouveler ? Et lorsque près de 300,000 moutons auront été sacrifiés, et que cet air, déjà à peine respirable, sera imprégné de ces émanations cadavériques, quelle garantie cette atmosphère, immobile et viciée, pourra-t-elle offrir à la santé publique ? Je sais que l'Administration a cru devoir prendre une grande mesure hygiénique en ordonnant l'enfouissement des moutons sacrifiés. Ce procédé, Messieurs, est, je me propose de vous le démontrer, plus qu'insuffisant. L'air n'en est pas moins corrompu pendant un temps plus ou moins long, et l'eau, source de propreté, de santé, et de vie, perd toutes ses qualités salubres pour n'être plus qu'un foyer de malaises et d'épidémies ! Pour obéir à ses devoirs religieux, chacun a tenu à immoler, sur la montagne sainte, un ou plusieurs moutons. Aussitôt le sacrifice accompli, les pèlerins se retirent, laissant sur le sol les cadavres des victimes exposés à l'air et au soleil pendant un temps plus ou moins long.

Ces animaux, surmenés par un lointain voyage, n'ayant eu qu'une nourriture peu substantielle, tombent en putréfaction aussitôt après leur immolation, c'est-à-dire longtemps avant d'être ramassés et jetés dans la fosse destinée à les recevoir.

Qu'en résulte-t-il ?

Les deux éléments de vie les plus précieux, l'air et l'eau, ne sont forcément plus que des agents de maladie et d'infection.

Comment croire que l'air ne subisse un changement considérable après avoir été chargé des miasmes émanant de plus de deux cent mille cadavres de moutons ? La science médicale, vous le savez aussi bien que moi, Messieurs, sous la direction d'illustres docteurs, a trouvé dans la putréfaction, des *microbes* en nombre infini, qui détruisent les organismes les plus robustes, en y jetant, par inhalation, des germes de fièvre typhoïde ou de choléra. Le passé nous a déjà donné de nombreuses et terribles leçons, et quels périls ne courent pas encore aujourd'hui nos pauvres et intéressants pèlerins ? A quels périls futurs ne sont-ils pas exposés si nous ne portons un prompt remède à cette intoxication fatale ?

Et si notre pensée s'élève plus haut encore, quels dangers ne menacent pas le monde entier en laissant continuer l'état actuel des choses ? Se propageant à travers les airs, qui vous dit que ces microbes destructeurs n'iront pas porter l'épidémie et la mort dans les contrées les plus reculées ? Quelles ne serait pas notre responsabilité, à nous, gardiens de la santé publique, si, par notre silence ou notre incurie, nous attirions sur le monde de pareils fléaux.

Et l'eau, Messieurs, n'est-il pas superflu de vous dire ce qu'elle perd de sa salubrité par l'enfouissement annuel de centaines de mille cadavres ? La chair de ces animaux que l'on vient d'immoler laisse échapper, dès la première heure, du sang et une matière liquide et putride, qui s'infiltrent à travers le fond des fosses pour venir rejoindre l'eau des citernes voisines.

Il faut, n'est-il pas vrai, au moins une période de deux années pour parfaire la décomposition d'animaux enterrés. Ce sera donc les cadavres accumulés pendant deux ans qui recevront, sous terre, les infiltrations de l'eau, et cette eau servira de breuvage à toute une population !

Je vous laisse le soin de conclure, Messieurs, à quelles maladies peuvent être exposés ceux qui sont condamnés à faire usage d'une eau pareille ?

Je sais bien que l'on pourrait m'objecter qu'une machine à vapeur fait parvenir l'eau jusqu'à Mounah. C'est vrai; mais malgré le volume d'eau donné par la machine, le tuyau qui mène l'eau de Moufgerah jusqu'au village n'a qu'un diamètre de huit centimètres, et la quantité d'eau qu'il débite est insuffisante aux besoins des deux cent mille pèlerins et de leurs nombreux bestiaux. On doit donc toujours avoir recours aux citernes, vu qu'il n'y a pas même de réservoirs pour recevoir et emmagasiner l'eau quelques jours avant l'arrivée du pèlerinage.

Et maintenant, si jamais, ce qu'à Dieu ne plaise, une épidémie venait à sévir sur le pays, quel préjudice n'aurait-il pas à subir encore ? La mort multipliant ses coups, accumulant les cadavres humains, éloignant les voyageurs et les étrangers qui lui apportent leur commerce et leur or, et assumant la responsabilité de jeter sur le monde les plus terribles calamités. Je ne veux pas insister davantage sur ce point.

Toutes les nations marchent aujourd'hui avec rapidité dans la voie du progrès. Gardons, Messieurs, l'héritage précieux de nos pères en nous honorant de l'améliorer. Nos saintes et belles traditions peuvent aussi s'harmoniser avec un progrès légitime, et, soyez-en persuadés, nous aurons rendu un immense service à nos populations et au monde entier si nous parvenons à obtenir la calcination des corps des animaux.

Plusieurs procédés sont en vigueur. Le plus simple et le moins coûteux serait, à mon avis, celui de brûler les cadavres des moutons dans des fours à calcination de noir animal construits à cet effet. Du reste, le choix doit en être laissé à l'Administration; une seule chose doit nous préoccuper : arriver au but que nous sommes proposés.

Et, si dans une question aussi grave et aussi élevée, il était permis de mêler une question d'intérêt, je vous dirais que ces cadavres d'animaux, même ceux qui sont enfouis depuis plusieurs années, fourniront, après la combustion, une ample quantité de *noir animal*.

Vous n'ignorez pas, Messieurs, que la valeur de ce produit et de 2 f. 50 le kilogramme et qu'un mouton de grosseur moyenne en fournit deux kilogrammes environ. Il vous est donc facile de voir quel immense profit le pays trouvera à exploiter chaque année les cadavres au lieu de les laisser se perdre, au grand préjudice de la santé publique, sans apporter aucun avantage. J'ajoute que ce sera pour ces contrées une nouvelle source de commerce et de richesse, source d'autant plus précieuse que, sans dépense aucune, il y aura toujours de grands bénéfices à réaliser.

Ces nouvelles ressources pourront servir soit à secourir les pélerins pauvres, soit à d'autres œuvres utiles que le Gouvernement de Sa Majesté Impériale voudra bien entreprendre.

Je conclus, Messieurs, et je vous demande de vouloir bien insister auprès de la Sublime Porte pour obtenir cette mesure si utile de la calcination des moutons sacrifiés. S. A. le Chérif et S. E. Safouat pacha, l'éminent gouverneur de la Mecque, ne me contrediront pas ; ils ont bien voulu m'assurer que rien, dans ces mesures nouvelles, n'est contraire aux traditions, aux mœurs et aux lois religieuses de ce pays.

Nous aurons ainsi fait œuvre utile :

1° En empêchant l'empoisonnement de l'air résultant de la putréfaction des cadavres pendant les trois jours de sacrifices à Mounah.

2° En arrêtant l'empoisonnement de l'eau par l'infiltration putride à travers le fond sableux des fosses destinées à recevoir les cadavres des moutons.

3° En utilisant le charbon animal et en ouvrant au Hedjaz une nouvelle porte de commerce.

4° En supprimant toute cause de *dyspnées* pendant le séjour du pélerinage à Mounah.

5º En écartant toute espèce de fièvres putrides et de maladies infec-
tieuses.

6º En empêchant les pertes considérables de pèlerins qui peuvent arriver à la suite d'une maladie épidémique ou endémique, dont les effets
peuvent s'étendre dans les contrées les plus reculées.

7º En facilitant le commerce du Hedjaz à l'intérieur et à l'extérieur.

8º En assurant la vie de tout le monde contre les diverses espèces de
maladies microbiennes.

9º En encourageant les pèlerins à venir plus nombreux s'acquitter de
leurs devoirs religieux en accomplissant ce saint pèlerinage.

C'est là le rôle utile et glorieux qui vous est imposé. Je fais appel à
votre fraternel concours, et, en déposant à leurs pieds nos plus respec-
tueux hommages, implorons, par le puissant intermédiaire du Conseil
sanitaire quarantenaire de Constantinople, auquel voudra bien, sans doute,
se joindre celui d'Alexandrie, implorons, dis-je, de Sa Majesté Impériale
et de S. A. le Khédive Abbas II une si précieuse faveur.

Veuillez agréer, etc...

X.

Je voudrais encore exprimer un vœu.

Pourquoi les villes saintes du Hedjaz, qui sont le foyer de la
religion musulmane et qui, je le répète, sont annuellement visi-
tées par environ deux cent mille croyants, ne seraient-elles pas
reliées entre elles par une voie ferrée ?

Le trajet pourrait s'effectuer dans ces vallées unies, et les dépenses ne seraient pas aussi considérables que beaucoup de
personnes se l'imaginent.

Le Prophète, en prescrivant le pèlerinage aux Saints Lieux,
n'a pas donné la préférence à un mode déterminé de voya-
ger, et si la science moderne nous offre des moyens de transport plus commodes, sous quels prétextes voudrions-nous les
dédaigner ? Serait-ce pour donner au monde la fausse opinion
que l'Islamisme est incompatible avec le progrès contemporain ?
Grâce à Dieu, nous n'avons pas nous autres de *Syllabus* !

Que de fatigues épargnées à tant de pèlerins ! Comme tous ces
voyages à travers les sables brûlants — environ neuf cents
kilomètres — seraient rendus moins pénibles et plus courts !

Espérons que bientôt cet espoir sera réalisé !

APPENDICE II.

cumment

DE LA CIRCONCISION

Origine de la circoncision. — Son utilité. — Manière de
la pratiquer. —La circoncision chez les Choreïchites.

De la circoncision, comme de beaucoup d'autres choses, on en
parle beaucoup..... et que de gens ne la connaissent même pas !

Je le sais par expérience : on la regarde généralement en
Europe comme une cérémonie religieuse qui, pour ainsi dire,
sépare les chrétiens des israélites et des musulmans.

Je n'ai pas ici à discuter des questions religieuses ; ce que je
puis et surtout ce que je dois dire, c'est que la circoncision, pour
l'un et l'autre sexe, est une mesure d'hygiène et de prudence, et
je vais essayer de le prouver.

Continuant les traditions des peuples de l'Orient, le Prophète,
né circoncis, comme l'affirment ses historiens, l'a fait adopter
par tous ses sectateurs. Comme je le dirai tout à l'heure, les
choreïchites, qui se proclament ses disciples les plus fidèles, en
ont abusé, mais abus ne fait pas loi, et la science médicale, forte
de l'assentiment de ses plus grands chefs, ne l'a jamais désap-
prouvé.

Chez les garçons, la circoncision a pour but l'enlèvement du
prépuce.

Démontrer l'utilité de cette pratique serait inutile. Vous émon-
dez un arbre, et l'arbre devient plus fort ; la sève qui devait
circuler à travers les rameaux frêle et infécondes, fortifie les
branches aptes à porter des fruits. Je m'appuie sur cette comparaison et je dis: la nutrition enlevée au prépuce inutile se

reportera nécessairement sur les testicules et ceux-ci, dans leur développement, rendront les spermatozoïdes plus fécondants. La circoncision est en outre hygiénique, car elle raffermit l'épiderme du gland et partant empêche l'absorption des différents virus ou, pour mieux dire, prévient les maladies vénériennes, si nombreuses de nos jours, en Europe.

Chez les filles, la circoncision consiste dans l'enlèvement du clitoris. Son premier, et pour ainsi dire, unique but, est de prévenir l'hystérie, très rare chez les femmes de l'Orient où se pratique cette opération. L'expérience est, en effet là pour nous le prouver tous les jours : la sensibilité extrême du clitoris, en rayonnant à travers le système nerveux, peut engendrer diverses maladies, toutes présentant un caractère de gravité réelle.

Ce rayonnement s'attaque-t-il aux ovaires ? Dans son développement illégitime, il absorbe la nutrition des vésicules de Graaf et de leur contenu, ou, pour mieux dire, rend la femme stérile.

Atteint-il les poumons, ce sont alors des congestions, des troubles pulmonaires, et ceux-là sont nécessairement atteints dans leur développement ou leur vitalité.

Monte-t-il jusqu'au cœur, la femme éprouve des palpitations nerveuses.

Dans l'estomac, il occasionne des troubles, c'est-à-dire des indigestions, des inappétences, des vomissements.

Ce rayonnement se porte-t-il aux intestins, ce sont alors des dyspepsies (intestinales) qui se caractérisent par des diarrhées et des constipations.

Parfois il se porte au cerveau et donne alors lieu à des névroses : la folie, l'épilepsie, l'hystérie, etc., etc.

Enfin s'il gagne le *grand sympathique* il occasionne des troubles profonds dans la vitalité des tissus et il en résulte inévitablement un épuisement complet qui finit par une mort très lente.

A l'orient de la Mecque, dans l'intérieur du Nedjed, existe une tribu autrefois célèbre et qui eut la gloire de compter Mohammed parmi ses membres, c'est celle des Choréïchites.

Elle n'a pas conservé sa grandeur passée; mais elle jouit toujours d'une grande considération. Une de ses nombreuses sectes, prétendant suivre les préceptes de l'Islam dans toute leur rigueur, se fait remarquer par la manière — j'allais dire, terrible — dont ils pratiquent la circoncision : après avoir retranché le prépuce, l'instrument tranchant enlève une bandelette de peau d'environ quatre centimètres de largeur, qui s'étend depuis le gland jusqu'à l'ombilic. Cette opération n'a lieu que sur les garçons qui entrent dans la puberté, entre dix ou douze ans.

Il est aisé de comprendre quelles douleurs atroces doit ressentir celui qui la subit : condamné au repos pendant quarante jours, l'infortuné ne trouve de soulagement que dans une certaine préparation où dominent les feuilles du *henna* réduites en poudre. Remède souvent inutile, car l'on m'a bien des fois assurée que soixante-dix sur cent des nouveaux circoncis succombaient !

Aucune des lois du Coran ou des traditions de l'Islam n'autorise cette coutume barbare, qui, sous le couvert sacré de la religion, cache un acte de cruauté et de superstition sauvage.

Je n'ajouterai qu'un mot: il serait à souhaiter que, pour des raisons d'hygiène, j'allais dire de propreté, les enfants mâles, quel que soit le culte auquel ils appartiennent, subissent la circoncision; et que, dans certaines familles où il y a des maladies héréditaires, comme l'épilepsie, l'hystérie ou la folie, les jeunes filles devraient subir également l'opération que j'ai indiquée, pour diminuer ou anéantir ces prédispositions. Les suites de ces deux opérations ne sont pas aussi pénibles qu'on pourrait le croire : chez les garçons, la cicatrisation *immédiate* s'accomplit en vingt-quatre heure (en cas de suppuration une semaine au plus); chez les jeunes filles, en trente-six heures elles sont remises dans leur état normal.

TABLE DES MATIÈRES

www.ingramcontent.com/pod-product-compliance
Lightning Source LLC
Chambersburg PA
CBHW060800110426
42739CB00032BA/2122